K-경영의 요소가 기업의 선순환 경영에 미치는 영향

권중덕 지음

서울경제경영

| 저자소개 |

권 중 덕

Finland Aalto University에서 경영학 MBA를 받은 후, 서울과학 종합대학원에서 경영학 박사학위를 받았다. 현재 서울과학종합대학원 겸임교수이며, 컨설팅 업체인 대한산업개발원에서 CEO로 경영을 맡고 있다. 주요논문으로는 박 민재 교수와 함께 공동 저술 한 「Does the Platform-based Management Promote Business Sustain-ability? : the Role of Employees' Vision and Excitement」, 「Strategic human resource management by employee tendency toward dream and excitement: K-Management perspective」, 「Entrepreneurship of Small-Medium Enterprise with the K-Management Perspective: the case of Firm 'D' in Korea」이 있다.

본 도서는 서울과학종합대학원대학교 박사학위 논문을 바탕으로 재편집된 것입니다.

들어가는 말

본 저술은 한국적 경영의 요소인 꿈과 흥의 속성이 통합성과 개방성, 공통성과 다양성이 병존하는 플랫폼 기반 경영환경 속에서 기업 건강성, 즉 창조성과, 시장성, 생산성에 어떤 영향을 미치는지에 대해 실증분석을 실시하였고, 국내 기업체 소속 종업원들을 대상으로 실시한 꿈과 흥에 대한 설문자료를 토대로 대상자들에 대하여 k-경영의 관점에서 본 유형화 분석을 실시함으로써 기업 인적자원의 특성을 규명하고, 이들 특성들이 어떻게 기업 건강성에 영향을 미치는지와 그 인적자원의 전략적 활용성에 대해 밝히고자 하였다. 또한 실제 경영 현실에서 K-경영의 꿈과 흥의 모델에 기반한 경영사례를 통하여 이에 대한 경영 메커니즘(mechanism)과 성공요인을 밝힘으로써 시사점을 제시하고자 하였다.

먼저 실증연구1에서는 한국형 경영의 두 요소인 꿈과 흥이 플랫폼 기반 경영환경 속에서 기업의 선순환 경영에 어떤 영향을 미치는지에 대해 실증분석 하였다. 사실 외관상으로 보기에는 K-경영의 요소인 꿈과 흥이 플랫폼 경영과는 아무런 관련성이 없는 것처럼 보일 것이다. 하지만 본 연구의 관점에서는 플랫폼은 하나의 경영모델이고 꿈과 흥은 원인변수로서 플랫폼이라는 수단을 통하여 기업의 선순환 경영의 원인변수로 작용할 수 있을 것이라는 가정을 바탕으로, 이를 실증분석해 보고자 하였다. 즉, K-경영은 그 무형의 구성요인 꿈과 흥을 플랫폼의 기반 경영환경 속에서 어떤 접점(interface)을 발견함으로써 플랫폼이 단순한 추상적 공간이 아닌 꿈과 흥이 있는 공간 즉, 변화와 도전, 그리고 기회를 모색하고, 창조적, 시장 지향적, 그리고 생산성을 추구하는 장(場)으로 채워짐으로써 플랫폼의 공진화를 이루어 내고, 구성원인 기업들의 건강성에 질적. 양적인 변화를 기대할 수 있다는 가정이 본 연구의 배경이 되었다. 매개효과를 검증하기 위해 국내 기업체 소속 종업원들을 대상으로 설문조사를 실시하여 회수된 응답자료 중 유효한 426개 자료를 대상으로 3단계 회귀 분석을 실시하였으며, 추가적으로 매개효과의 유의성 검증을 위하여 사후테스트를 실시한 결과, 꿈과 흥이 플랫폼이라는 경영환경을 통하여 기업 건강성에 유의한 영향을 미치는 것으로 나타났다. 이는 꿈과 흥이 플랫폼의 생태계에 공유되는 무형의 자산으로서 플랫폼 내적, 외적 효용성에 영향을 미치며, 지속가능 경영을 가능하게 하는 원인변수의 하나로 볼 수 있다는 점에서 연구의 의의가 있다 하겠다.

실증연구2에서는 국내 기업체에 재직하고 있는 종업원들을 대상으로 K-경영의 요소인 꿈과 흥에 대한 설문을 실시하여, 유효한 응답 자료를 토대로 이들에 대한 특성을 유형화고자 하였다. 이를 위해 비계층적 군집화 방식인 K-평균법(K-Means)을 이용하여 측정한 결과, 최종적으로 4개의 군집으로 유형화되었으며, 모두 통계적으로 유의미하게 분석되었다. 분류된 군집 특성별 의미는, 먼저 사무 지향형으로 조직에서 창의적이고 위험부담이 크거나 진취적인 일보다는 현상 유지적이며, 일상적이고 안정적 사무수행 역할을 선호하는 수동적 경향을 지닌 유형을 말한다. 성과 지향형은 조직원의 고객지향성과 관련성이 있으며, 판매 및 영업을 통하여 높은 실적을 추구하는 성과 지향적 경향을 지닌 유형을 말한다. 생산 지향형은 조직원의 업무성향이 새로운 일에 대한 개척성과 변화성, 그리고 도전성이 낮은 반면, 운영효율성을 추구하는 능률 지향적 경향을 지닌 유형을 말한다. 그리고 리더십 지향형은 사고와 행동유형이 새로운 일을 추구하는 혁신적이고 진취적이며 위험 감수적 경향이 강한 리더십과 기업가적 특성을 지닌 유형을 말하며, 군집별로 인구 통계적 특성을 함께 제시하였다. 또한 군집별 평균차이가 결과변수인 기업의 선순환 경영에 차별적으로 유의미한 영향을 미치는지를 확인하기 위해 ANOVA분석(일원배치분산분석)을 실시하였다. 본 연구는

K-경영의 요소인 꿈과 흥을 바탕으로 조직 구성원들을 특성별로 분류할 수 있는지와 각 유형별로 이들의 특성이 실제적으로 어떤 모습으로 나타나고 있는지, 그리고 인적자원의 특성이 조직현실에서 어떻게 전략적으로 활용될 수 있는지에 대해 조직 구성원의 유형화를 통해 살펴봄으로써, 이른바 K-경영의 관점에서 본 인적자원의 특성에 대한 이론과 조직현실 적용에의 기초를 마련했다는데 연구의 의의를 두고 있다.

사례연구에서는 K-경영의 성공사례를 꿈과 흥 모델을 중심으로 분석하였다. 최근 한국경제는 저성장의 늪으로 빠져들고 있고, 중소기업들은 국내시장에 의존하여 국제적으로 고립되는, 소위 갈라파고스 신드롬(Galapagos Syndrome)을 겪고 있는 등 기업가 정신이 위축되고 있는 이 때, 본 사례에서 나타난 2세 경영자의 진취적이고 선행적인 기업가 정신은 새로운 변화를 모색하는 기업들에게 시의적절한 성공사례로서 시사하는 바가 크다 할 것이다. D사가 중국의 저가정책과 노사분규, 부서이기주의 등 내외적 경영여건 악화로 기업의 존폐가 달려있는 절망적인 상황에서 경영권을 인수한 2세 경영자는 장기비전인 '비전4321'을 중심으로 회사의 모든 경영자원을 하나로 모으기 시작하였다. 이를 위해 먼저 직원들의 소통과 상호존중 문화형성을 위한 '4관 3려'의 시행, 신나는 일터 만들기인 희망 거리, 즐길 거리, 웃음거리, 의 꿈과 흥이 있는'3거리경영'과 수익의 1/3은 직원들에게 돌려주는 나눔의 제도인 '3.3.3제도', 그리고 직원들의 경영참여의 일환인 '1.1.1 창의제안제도'등을 실시하였다. 이로 인해 직원들은 주인의식이 고양되었고, 일터는 자발적 동기부여(Inherent Engagement)가 발현되는 스스로 일하는 장(場)으로 변모하였다. 이리하여 D사는 지난 4년여 동안 매출액의 2배 성장, 매년 30% 이상의 생산성 향상 등 각 종 경영지표의 괄목할 성장을 가져왔다. 뿐만 아니라 해외 수출의 일환으로 제품 포트폴리오를 확장하여 기존의 저가 제품과는 전혀 다른 9개의 고급(High-end level) 전략 제품개발을 완료하고 다각적으로 글로벌 마케팅 전략을 펼치고 있다. 이와 같이 D사는 전종업원들이 경영자의 진취적 기업가 정신을 자신들의 꿈으로 내재화하여 경영활동을 펼친 결과, 건강성 4요소가 유기적으로 결합되어 스스로 선순환 궤도에 진입한 미래지향적 기업으로 변모하였다. 본 연구는 현재 기업가 정신이 위축되고, 어려운 경영상황에서 변화의 길을 찾고 있거나 지속성장 기업으로의 꿈을 키우고 있는 중소기업인 들에게 기업가 정신과 K-경영 실천의 중요성에 대한 인식을 갖게 하는 시사점이 될 것이라 본다.

본 저술은 꿈과 흥을 요소로 하는 K-경영에 대해 정량적 연구를 실함으로써 실증적으로 가설이 유의미하게 검증되었고, K-경영의 관점에서 본 인적자원의 특성별 유형화를 통하여 기업 경영성과에 영향을 미치는 것으로 확인되었다. 또한 사례연구를 통하여 꿈과 흥이 기업 선순환 경영에 실질적으로 영향을 미치는 것으로 분석되었다.

본 연구를 통하여 지난 60여 년간, 위기를 변화의 기회로 만들어 낸 위기극복의 힘, 도전과 혁신의 K-경영의 요소인 꿈과 흥이 기업의 방향성과 지속성장을 위한 동인으로 작용하였으며, 기업의 열정을 지속하고 강화시켜 기업의 경쟁력 향상과 선순환경영을 이끌어낸 원동력으로 작용하였음을 이론적임 면에서 뿐만 아니라 실제적 활용성을 밝혔다는 면에서 연구의 의의를 찾을 수 있겠다.

목 차

V. K-경영의 기업가 정신과 기업 건강성 분석 63

VI. 결 론 89

I K-경영의 연구 배경

제1절 연구의 배경

스마트시대의 도래로 기업경쟁의 패러다임이 기업 간 경쟁에서 기업생태계 간 경쟁으로 변화함에 따라 플랫폼 기반 비즈니스 전략이 기업경쟁력의 새로운 핵심요인으로 자리매김하고 있다. 예컨대, 애플이나 구글은 단순한 기기 간의 경쟁이나 기업 간 경쟁을 뛰어 넘는 생태계 관점에서 비즈니스 전략을 구사하고 있으며, 경쟁우위를 바탕으로 기업생태계를 더욱 확장, 진화시켜 나아가고 있다. 플랫폼 기반 경영은 운영체제(OS)를 기반으로 하는 온라인상의 플랫폼과 오프라인상의 플랫폼 기반 경영으로 분류하여 설명할 수 있다.

먼저, 온라인상의 탄생배경을 기준으로 현존하는 플랫폼기반 비즈니스를 살펴보면, 첫째, 검색엔진 기반의 플랫폼으로, 이는 사용자에게 정보를 제공하는 것이 주된 가치이며, 구글(Google), 네이버(Naver)와 같은 기업 등이 있다. 둘째, 전자상거래 기반의 플랫폼으로, 사용자가 필요로 하는 제품을 좋은 조건에 공급하고, 목적지까지 신속히 배송하는 것이며, 아마존, 알리바바, G마켓과 같은 대표적 기업이 있다. 셋째, 스마트폰 기반의 플랫폼으로, 아이폰이나 안드로이드폰과 같은 스마트폰을 기반으로 하는 플랫폼으로 커뮤니케이션과 콘텐츠를 가치로 제공하며, 아이폰, 안드로이드폰과 같은 디바이스(device)가 있다. 넷째, SNS(social network service) 기반 플랫폼으로, 가장 큰 강점은 사용자에 대한 정보를 제고하는 가치이며, 페이스북, 트위터, 카카오톡과 같은 기업들이 있다

(김기찬 외, 2015; 진동수, 2013; 카민 갤로, 2010).

둘째, 오프라인 상의 플랫폼 관점에서 보면, 특정 물리적 공간 내에 다양한 점포로 구성되어 있는 쇼핑몰은 그 자체가 공급자와 쇼핑객을 연결하는 플랫폼이라 할 수 있으며, 백화점, 할인점과 같은 유통업체의 고객 데이터나 정보시스템 또한 공급자에게 중요한 역할을 하는 플랫폼이라 할 수 있다. 대표적인 예로 월마트(Wall-mart)는 자사의 광범위한 정보시스템과 물류시스템을 바탕으로, 전 세계적으로 분산되어 있는 수 천 개의 공급자들의 상품생산, 유통활동 등을 최적화 하여 고객이 원하는 때에 원하는 제품을 보다 낮은 가격에 제공하는 강력한 플랫폼을 구축하는 등 오프라인 영역에서도 플랫폼 기반 경영이 새로운 핵심 경쟁력으로 자리 잡고 있다(김기찬 외, 2015).

이와 같이 플랫폼기반 경영은 온라인과 오프라인 분야를 막론하고 스마트시대의 기업경쟁력의 핵심 경영방식이지만, 그 자체로 채워지지 않은 미완의 빈 그릇과 같은 것이다. 미완의 공간을 열어놓고 소통하며, 채워감으로써 지속적 성장을 꿈꾸는 것이 플랫폼 경영이다. 여기에 K-경영은 그 무형의 구성요인 꿈과 흥을 플랫폼의 기반 영역과의 어떤 접점(interface)을 발견함으로써 플랫폼이 단순한 추상적 공간이 아닌 꿈과 흥이 있는 공간 즉, 변화와 도전, 그리고 기회를 모색하고, 창조적, 시장 지향적, 그리고 생산성을 추구하는 장(場)으로 채워짐으로써 플랫폼의 공진화를 이루어 내고, 구성원인 기업들의 건강성에 질적. 양적인 변화를 기대할 수 있다는 가정이 본 연구의 배경이 되었다.

오늘날 기업은 국내외를 막론하고, 극한 경쟁 환경 속에서 존속과 지속적인 경쟁우위를 창출하기 위해 저마다 시장 환경의 트렌드(Trend)를 주시하며, 자신이 보유하고 있는 자원을 가장 효율적으로 활용하는 방안이 무언인가에 대한 이슈(Issue)가 더욱 중요한 관심사가 되고 있다. 이런 흐름은 국내의 기업경영에도 예외가 아니다. 최근 국내의 경제상황은, 각종 경제지표들이 지적하고 있는 바와 같이, 1998년 IMF(1998년 외환위기)상황과 비견될 정도로 악화되고 있다. 저자는 이러한 때에 우리나라가 지난 60여 년간의 경제개발과정에서 한강의 기적을 일으킨 소위 K-경영에 대해 현대적 관점에서 관심을 가질 필요가 있다고 보았다. 한국적 경영의 선구자인 김인수 교수는 지난 60년간의 경영의 특징에 대해 위기를 새로운 변화의 기회로 전환시키는 위기극복의 메커니즘이라고 하였다(KIM, 1998; criss Construction), 바로 위기극복의 힘, 도전과 혁신이 한국적 경영이다. 최근 한국경제는 잠재성장률이 급격히 하락하면서 저 성장의 늪에 빠져 있고, 중소기업들은 국내시장에 의존한 소위 갈라파고스 신드롬(Galapagos Syndrome)[1)]을 겪고 있다. 뿐만 아니라 창업 활력도를 나타내는 기업 신생률[2)]이 2001년 28.9%에서 2011년 20.2%로 떨어지고 있는 등, 주변을 살펴봐도 활력소가 되는 지표들은 여간해서 보이지 않는다. 무엇이 문제일까? 이러한 상황에서 우리는 지난 60여 년간의 경제발전 과정에서 한강의 기적을 일으킨 그 원동력이 무엇인지 반추해 볼 필요가 있다고 보았다. 저자는 제일먼저 그 원동력이 다름 아닌 한국인에 특유한 기업가 정신(entrepreneurship)이라고 판단하였다.

한국적 경영은 구성원들 사이에서 신뢰와 단란함이라는 환경을 창조하며, 그 결과 응집성이 강하고 자발적 동기부여가 강화된 조직을 형성하고, 모든 경영자원을 하나로 결집함으로써 창조적, 생산적 그리고 시장 지향적 경영활동을 효율적으로 이루어감을 의미한다(Kim, 1998). 한국기업은 지난 60년 간, 위기를 변화의 기회로 만들어 내는 위기극복 메커니즘(mechanism)이 내재되어 있고(Kim, 1998), 위기극복의 힘, 도전과 혁신이 곧 K-경영의 특징이다. K-경영의 특징은 그 핵심변수인 꿈과 흥이라는 변수로 설명될 수 있으며, 꿈과 흥은 기업가 정신이 어떤 경로를 거쳐 성과로 이어지는가를 설명한다. 꿈은 구성원에게 일을 해야 하는 이유를 주고, 흥은 일에 몰입하게 하는 힘이 된다(Kim et al., 2016).

---

1) Galapagos Syndrome : 세계적인 기술력으로 만든 상품이지만 자국 시장만을 생각한 표준과 규격을 사용하여 국제적으로 고립되는 현상이다. 시장의 흐름이나 대세에서 국 내 시장에만 의존하여 국제적으로 고립되는 현상, 남아메리카의 동태평양에 있는 섬들 이름, 무인도. 한경 경제용어사전 http://dic.hankyung.com
2) 기업 신생률이란 가동사업자 대비 신규사업자 비율을 말한다. 현대경제연구원 2014 지속가능 리포트

제2절 연구의 목적

본 연구에서는 한국적 경영의 주요 원인변수인 꿈과 흥이 플랫폼 기반 경영환경을 매개로 하여 기업 건강성에 어떤 영향을 미치는지와 국내 기업체 종업원들을 대상으로 실시한 설문자료를 토대로 유형화 분석을 실시함으로써 한국적 경영의 관점에서 기업 인적자원의 특성을 규명하고, 이들이 어떻게 기업 건강성에 영향을 미치는지를 실증적으로 밝히고자 하였다. 또한 실제 경영 현실에서 K-경영을 충실하게 실행한 성공사례를 발굴하여 이에 대한 메커니즘(mechanism)과 건강성을 밝힘으로써 시사점을 제시하고자 하였다.

먼저, K-경영의 구성요소인 꿈과 흥이 플랫폼 기반의 경영이라는 새로운 경영환경을 통하여 어떻게 기업 건강성에 유의한 영향을 미치는지에 대하여 그 경로와 효과성을 검증하는 것을 연구목적으로 한다. 기업 건강성은 기업생태계의 건강성의 3요소를 중심으로 분석하고자 하며, 건강성은 미래의 환경변화에 선제적으로 대응하기 위한 연구개발 투바활동으로 신제품 및 기술력 향상 등을 추구하는 창조성, 연구개발의 성과로 만들어진 신제품과 기술력을 바탕으로 새로운 틈새시장을 개척하는 시장성, 기업의 자산과 생산요소를 얼마나 효율적으로 사용했는가를 나타내는 매출액 향상과 매출액 이익률, 총자산 이익률(ROA) 등으로 생산성이 측정된다(김기찬 & John Laurence Enriquez, 2015; Kim, K. C. et al., 2016; Iansiti and Levien, 2004).

다음으로 꿈과 흥은 K-경영을 구성하는 주요 변인으로서, 꿈은 부단히 변화를 찾고, 끊임없이 도전하며, 기회를 탐색하는 기업가 정신에서 비롯되며(Drucker, 1964), 흥은 우리민족의 내면세계에 면면히 이어져 내려오는 독특한 양(陽)의 정서적 특성(김혜진 외, 2015)의 하나로, 이것이 기업의 종업원들에게 공감을 일으켜 공유될 때, 흥의 자발적 발현이라는 현상을 일으켜 상상(想像) 이상의 힘을 발휘하게 된다. 이 두 가지 주요 요소인 꿈과 흥을 바탕으로 어떻게 조직 구성원들의 특성들을 분류할 수 있는 있는지와 각 그룹마다 조직 구성원들의 특성이 어떻게 실제적으로 나타나고 있는지에 대해 연구하고, 이를 통해 조직을 운영하는 경영자들에게 인적자원의 전략적 조직 운영 방안을 제시하고자 한다. 본 연구 목적을 달성하기 위해 먼저 척도에 대한 요인 분석을 통하여 신뢰성과 타당성을 갖는 요인화가 이루어지는가와 그 측정 변수들이 통계적으로 유의미하게 나타나는지 확인한다. 요인 분석을 통해 측정된 변수인 꿈과 흥을 바탕으로 군집 분석(cluster analysis)을 실시해 조직 구성원들을 유형화 하는 전략적 방안과 각 그룹별 인구 통계학적 특성을 함께 제시함으로써 함의 있는 실증분석을 수행한다.

마지막으로 실제 경영현실에서 K-경영을 모범적으로 실행한 성공사례를 발굴하여 그 경영메커니즘과 성공 노하우를 밝힘으로써 시사점을 제시하고자 하였다. 본 사례의 연구대상인 D사는 사업다각화의 필요성이 제기되어 신사업을 시작했으나 2000년대 들어 중국의 저가 공세와 장기화된 엔저현상으로 일본의 금형산업이 새로운 경쟁력을 갖추는 등으로 경영난에 봉착하여 엄청난 적자 상황에 놓이게 되었다. 이를 타개하기 위하여 종업원의 40%를 퇴직시키는 등 구조조정을 단행하기도 하였으나, 한때 폐업을 고려하기도 하였다. 이러한 상황에서 2세 경영자는 2010부터 실질적으로 사업을 승계하여 D사의 경영난을 타개하여 선순환 기업으로 완전히 탈바꿈시켜 놓았다. D사는 2010년을 기점으로 매출액의 가파른 성장을 시작으로 2014년까지 무려 2배의 매출액 성장과 매년 30% 이상의 생산성 향상을 기록하였다.

한국경제, 그 중에서도 중소기업의 지속가능 성장에의 출발점은 K-기업가 정신의 회복과 건강성의 지표인 창조성, 시장성, 생산성의 선순환 궤도 진입이 필요하다. 특히 지난 60여 년간 한강의 기적이라고 불릴 정도로 역동적으로 성장해 온 한국 산업 생태계가 그 활력을 잃어가는 상황에서, 분야별 규모별로 새로운 희망을 보여주는 혁신적인 사례들이 절실히 필요한 이때, 본 사례는 중소기업 생태계에서 꿈과 흥을 경영모델로 한 K-경영을 대표적으로 보여주는 사례로 판단되어 연구하게 되었다.

본 사례는 단일사례로 그 규모에 있어서 중소기업에 지나지 않지만, 제2세 경영자 체제로 전환한 이후, 기업의 존폐가 달려있던 절망적인 상황에서 도전과 위기극복의 선행적 기업가 정신을 발휘하여 확실한 성장국면으로 전환시켰다는 면에서 한국의 많은 중소기업들에게 기업혁신사례로써 의미 있는 시사점이 될 것이다.

제3절 연구의 구성

본 연구는 모두 6개의 장으로 구성되어 있다. 제Ⅰ장에서는 한국적 경영의 구성요소인 꿈과 흥이 기업의 건강성 향상에 미치는 영향에 대한 학문적. 실무적 연구배경과 목적을 밝히고자 하였다. 제Ⅱ장에서는 스마트시대의 도래로 주요 경영패러다임으로 자리 잡고 있는 플랫폼 기반 비즈니스에 대한 이론적 배경과 실제를 살펴보고, K-경영의 꿈과 흥에 대한 역사적 배경과 건강성 관점에서 기업 건강성에 어떠한 영향을 미치는지에 대해 서술하였다. 제Ⅲ장에서는 K-경영 요소가 플랫폼 기반 경영 환경 속에서 기업 건강성에 미치는 영향에 대하여 국내 기업체에 종사하고 있는 종업원들을 대상으로 설문조사를 실시하여 연구가설을 수립하고, 이를 토대로 실증 분석한 결과를 기술하였다. 제Ⅳ장은 K-경영의 관점에서 조직구성원들의 특성을 유형화하기 위하여 실시한 설문자료를 토대로 군집분석(cluster analysis)을 실시함으로써 구성원들의 특성을 분류하고, 이들이 어떻게 기업 건강성에 영향을 미치는지와 전략적 활용에 대해 실증적으로 밝히고자 하였다. 제Ⅴ장 K-경영의 기업가 정신과 기업 건강성에 대해 분석하였다. 최근 한국경제가 저성장의 늪으로 빠져들고 있고, 중소기업들은 국내시장에 의존하여 소위 갈라파고스 신드롬(Galapagos Syndrome)을 겪고 있는 등 기업가 정신이 위축되고 있는 상황에서, K-경영의 진취적인 기업가 정신으로 위기를 기회로, 위기극복의 건강한 기업으로 변모시킨 모범사례를 분석하였다. 분석을 위하여 K-경영의 꿈과 흥 경영모델을 제시 하였으며, 본 사례의 건강성 4요소를 유기적으로 종단 분석하여, 창조성(creativity)과 시장성(opportunity), 생산성(productivity), 그리고 순환성(re-investment)의 선순환(virtual cycle) 메커니즘과 그 결과를 기술하였다. 제VI장은 결론부분으로, K-경영 요소가 플랫폼이라는 경영환경을 통하여 기업 건강성에 미치는 영향과 군집분석을 이용한 종업원들의 특성에 대한 유형화 연구, 그리고 K-경영의 기업가 정신과 그 매커니즘 그리고 기업 건강성에 대한 사례 분석결과를 토대로 결론을 도출하고, 한국적 경영의 요소인 꿈과 흥의 역사적 의미와 기업 현실 적용에의 중요성에 대한 전략적 시사점을 밝히고자 하였다. 마지막으로 본 연구과정에서 나타난 한계점과 향후 연구 과제를 제시하였다.

3.1 인과지도(causal loop diagram)를 통한 연구의 구성

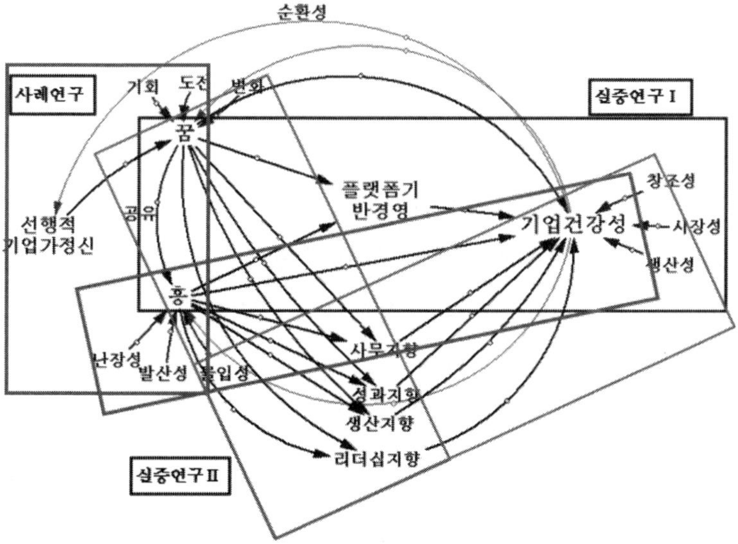

▌그림 1▌ 연구논문 인과지도

본 논문은 2개의 실증연구와 1개의 사례연구로 구성되었다.

실증연구Ⅰ에서는 한국형 경영의 구성요소인 꿈과 흥이 플랫폼 기반 경영환경에서 기업 건강성에 어떤 영향을 미치는지에 대해 실증분석 하였다. 이를 위하여 국내 기업체 소속 종업원들을 대상으로 실시한 설문자료를 토대로 Baron & Kenny(1986)가 제안한 방식에 따라 3단계 회귀 분석과 매개효과의 사후적 유의성 검증을 위하여 Sobel Test를 실시하였으며, 그 결과 꿈과 흥이 플랫폼이라는 경영환경 과정을 거쳐서 기업 건강성에 유의한 영향을 미치는 것을 확인하였다.

실증연구Ⅱ에서는 국내 기업체에 재직하고 있는 종업원들을 대상으로 K-경영의 요소인 꿈과 흥에 대한 설문을 실시하여, 유효한 응답 자료를 토대로 인적자원의 특성을 유형화하고자 하였다. 이를 위해 비계층적 군집화 방식인 K-평균법을 이용하여 측정한 결과, 최종적으로 4개의 군집으로 유형화되었으며, 모두 통계적으로 유의미하게 나타났다. 분류된 군집별 특성은 사무 지향형, 성과 지향형, 생산 지향형, 그리고 리더십 지향형으로 명명되었으며, 그룹별로 인구 통계적 특성을 함께 제시하였다.

사례연구에서는 D사의 K-경영에 대한 성공사례를 기업 건강성 모델을 중심으로 분석하였다. 내외적 경영여건 악화로 기업의 존폐가 달려있는 절망적인 상황에서 D사는 전종업원들이 경영자의 혁신적, 진취적 기업가 정신을 자신들의 꿈으로 내재화하여 경영활동을 펼친 결과 D사는 4년이라는 짧은 기간 동안에 매출액의 2배 성장, 매년 30% 이상의 생산성 향상 등 각 종 경영지표의 괄목할 성과를 가져왔으며, 건강성 4요소가 유기적으로 결합되어 스스로 선순환 궤도에 진입한 미래지향적 기업으로 변모하였다.

II 문헌연구

제1절 플랫폼 관점의 경영학

경영학 관점에서 플랫폼에 관한 연구들은 크게 세 개의 분야로 나눠 볼 수 있으며, 제품 관점의 생산전략분야, 소프트웨어 운영체제 관점의 기술경영분야, 거래시스템 관점의 산업경제학 분야로 구분 할 수 있다.

첫째, 생산전략분야에서는 제품관점으로 플랫폼을 다양한 제품의 토대가 되는 요소라고 정의하였는데, Robertson and Ulrich(1998)는 일련의 제품이 공유하는 자산들의 집합이라고 하였으며, Meyer and Seliger(1998)는 일련의 파생제품의 개발과 생산이 효율적으로 이뤄지도록 기반이 되는 공통된 구조, 그리고 Halman et al.(2003)은 제품군에 속하는 모든 개별 제품들의 공통된 기반이라고 정의하였다. 제품관점의 연구에서는 제품을 플랫폼이라는 핵심모듈(key module)과 보완모듈(complementary Module)로 구성된 시스템으로 보고, 기업의 제품개발을 최적화 하는 방안 등 주로 제품의 구조적 측면에 초점을 맞추었다. 1920년대 초반, 미국 자동차 업체인 GM이 최초로 생산전략 플랫폼 개념을 도입한 이후, 현재는 자동차 업계에서 대부분 활용하고 있으며(최병삼 외, 2011), 제조업을 중심으로 기업 내부에서 플랫폼을 효과적으로 활용하는 방안에 주로 한정되고 있다.

둘째, 소프트웨어 운영체제 관점의 기술경영분야에서는 기술관점 플랫폼을 산업 내 기업들이 활용하는 핵심기술로 다음과 같이 정의하고 있다. Bresnahan and Greenstien(1999)는 다수 판매자와 구매자가 공유하는 기술적 요소라고 하였으며, Economides and Katskamakas(2006)는 기술경영을 하이테크 산업에서 가치사슬의 허브(Hub)라고 하였고, Gawer and Cusmano(2008)는 광범위하고 상호의존적인 기업 생태계에 필수적인 기반기술 또는 서비스라고 정의하고 있다. 여기서 기업생태계란 플랫폼을 중심으로 공통적인 요소를 바탕으로 상호의존적인 관계로 맺어진 기업들의 집단을 말하는 것이며, 기술경영분야는 플랫폼 개발기업 뿐 아니라 산업 내 다수 기업들이 플랫폼 기반사업을 전제로 하여 플랫폼이 산업의 경쟁구도에 미치는 영향을 주로 연구하였다. 예컨대, 마이크로소프트의 운영체제(OS)인 윈도우, 구글의 크롬, 안드로이드 운영체제 등이 여기에 해당한다고 볼 수 있다.

셋째, 산업경제학 분야에서는 플랫폼을 거래관점으로 보았다. 즉, 둘 이상의 참여자 집단 간의 거래를 중개하는 매개체 역할을 하는 것이 플랫폼이라고 하였다. 이상규(2010)는 플랫폼을 서로 다른 이용자 그룹이 어떤 목적을 위하여 거래 또는 상호작용을 원활히 할 수 있도록 제공된 물리적, 가상적, 제도적 환경이라고 하였다. 거래관점의 연구에서는 네트워크 외부성 효과가 발생하는데, 플랫폼에 참여하는 그룹의 참여자들이 서로 상대 그룹의 참여자가 많아질수록 더 큰 가치를 얻게 되며, 이런 과정을 통해 더 많은 참여자가 유입되는 상승과정에 주목한다(Rochet and Tirole, 2003).

한편, 분야별 독립적으로 진행되어왔던 플랫폼의 개념을 통합하려는 시도는 Baldwin and Woodard(2009), Gawer(2009) 등에 의해 시도되었다. Baldwin and Woodard(2009)는 제품관점의 플랫폼, 기술관점의 플랫폼, 거래 관점의 플랫폼 등이 모두 구조적으로 유사하다는 사실을 지적하였으며, Gawer(2009)는 제품관점의 플랫폼과 기술관점의 플랫폼이 그 활용범위가 기업의 내부인지 기업 외부인 산업전반인지에 대한 차이가 있을 뿐 플랫폼 자체의 의미는 본질적으로 유사하다고 주장하였다.

이상의 연구들을 바탕으로 플랫폼에 내포된 몇 가지 특징을 살펴보면 다음과 같다(Gawer and Cusmano, 2008). 첫째, 플랫폼은 특정 모듈의 재사용이 가능하도록 결과물이 모듈화 되어있다는 것을 전제로 한다. 둘째, 플랫폼은 추상적인 개념이므로 결과물의 형태(하드웨어, 소프트웨어, 서비스, 기술, 거래 등)에 관계없이 플랫폼 개념이 적용될 수 있다. 셋째, 플랫폼을 통해 다양한 결과물이 만들어져야 한다. 넷째, 플랫폼에 다양한 보완제가 결합될 수 있도록 유용한 인터페이스의 설계가 필요하다. 다섯째, 플랫폼은 공통된 핵심모듈이므로 결과물의 핵심기능으로 작용해야 한다. 따라서 플랫폼은 추상적 개념으로서 다양한 종류의 결과물(플랫폼+보완재)을 창출하기 위해 공통적으로 사용하는 핵심모듈이라고 정의 할 수 있다.

제2절 생태계 관점의 기업 건강성

기업생태계란 말은 제임스 무어(Moore 1993, 1997)에 의해 처음으로 제안 되었으며, 1997년 '경쟁의 종말(death of competition)'에서 산업이란 말은 기업경영이 낳은 기존질서로서 경계가 무너져야 하고, 그 대안으로서 기업생태계란 개념, 즉 기업경영에 있어서 단순한 기업 간 경쟁이나 협력 이상의 생태계적 관점이 필요함을 제기하였다. 이후 하버드 대학의 이안시티 교수에 의해 기업생태계 이론이 확대 발전하게 되었다(Iansiti, 2004). 그는 기업생태계란 다양한 기업들이 끊임없이 상호작용하고, 진화하는 곳이며, 고객, 공급자, 유통업체, 아웃소싱 기업, 관련 제품 및 서비스 기업, 기술제공기업 등 여러 연관 조직들이 상호작용하는 유연한 네트워크라고 하였다(Iansiti and Levin, 2004a, b). 이처럼 기업 경쟁의 패러다임이 과거 생산 지향적 경쟁에서 마케팅 지향적 경쟁을 넘어, 기술 변화의 속도가 빨라지고 산업별 융복합화가 고도화됨에 따라 개별 기업 간 나홀로 경쟁에서 바야흐로 기업생태계가 중심이 되는 기업 생태계간 경쟁시대가 열리게 된 것은 진화적 경영이 낳은 시대적 산물이며, 여기에 플랫폼 기반 경영은 기업생태계의 경쟁력을 결정 짓는 핵심요소로 자리 잡고 있다(Gawer and Cusmano, 2002).

경영성과의 측면에서 건강성은 재무적인 면과 비재무적인 측면을 모두 포괄하는 개념으로 Iansiti and Levien 등은 기업생태계에서 기업의 건강성을 담보하는 요소로 창조성, 시장성, 생산성을 제시하였다. 본 연구에서는 기업의 경영성과를 기업 생태계 관점에서의 생태계 건강성으로 보며, 이들 세 요소가 상향적 선순환을 반복함으로써 생태계의 지속적인 진화를 이루어 내는 것으로 본다. 기업이 연구개발을 통하여 신제품을 개발하면, 신제품은 신시장 매출액 향상으로 이어지고, 이는 다시 영업이익을 나타내는 생산성으로 이어지며, 그 생산성을 바탕으로 또다시 연구개발로 재투자되는 선순환 과정을 거칠 때, 기업생태계는 지속 가능한 성장과 진화가 가능하다 할 수 있다(Kim and Enriquez, 2015; Kim, K. C. et al., 2016; Iansiti and Levien, 2004).

기업은 단기적으로 이윤을 추구하는 것보다 지속가능한 성장을 위한 건강한 기업이 되어야 하며, 끊임없는 자기혁신을 통해 생태계에서 진화하고 장수해야 한다(Nelson & Winter, 1982).

기업이 지속성장을 유지하기 위해서는 근시안적 경영마인드 즉, 단기수익에 치중한 나머지 창조성과 시장성을 중시하지 못하여, 선순환(virtuous cycle)고리가 끊어지는 패러독스(paradox)에 빠지지 않도록 건강성의 3요소를 고루 갖출 필요가 있다. 김 기찬 등(Kim and Enriquez, 2015; Iansiti and Levien, 2004)의 연구에서는 건강성의 4대 요소를 제안 하였는데, 각 요소에 대해 살펴보면 다음과 같다.

첫째, 창조성이란 기업이 미래의 환경변화에 선제적으로 대응하기 위하여 역량의존, 행동적인 무력감, 경직성을 극복하고 탐험적 활동을 추구함으로써, 새로운 기술이나 특허, 신제품 개발 및 신사업을 위한 연구개발 분야이며, 틈새시장 창출을 지원하는 생태계이다. 매출액 대비 연구개발(R&D) 투자비율, 종업원 1인당 연구개발비, 종업원 1인당 특허개발 수 등으로 정의된다. 연구개발을 통해 시장성 있는 신제품 및 신사업과 특허 개발이 활발하게 이루어져 성장 동력이 확보되면 환경변화에도 불구하고 기업의 지속성장은 유지되는 것이다. 틈새시장 창출력을 높이기 위해서는 새로운 결합을 통해 새로운 분야를 창조하여 틈새시장을 확보해야 한다. 개발된 신제품이 틈새시장에서 도입되도록 함으로써, 미래에 변화될 잠재 주력시장을 끊임없이 개발해가는 활동이다.

둘째, 시장성은 새로운 사업기회를 포착하는 능력이며, 변화해가는 시장에 대한 동적 전환능력(dynamic capability against changing market)을 나타낸다. 연구개발 성과로 만들어진 신제품 및 신사업이 시장에 침투되어 시장을 점유하는 능력으로 성장엔진이라 할 수 있으며, 자신만의 생태적 틈새를 확보하여 전문영역을 개척하는 전문화 정도와 제품의 시장우위를 나타내는 시장지배력으로 평가할 수 있다. 시장성은 총 매출액 대비 신제품 매출비율, 매출액 대비 수출비율, 시장점유율 등으로 정의 할 수 있다. 기업이 새로운 시장변화에 적응하지 못하고 기존 시장에서 원가절감이나 생산성만 추구하는 경우 기술만능주의 문제가 발생하며, 선순환 궤도에서 이탈하게 된다.

셋째, 기업의 생산성은 원가경쟁력과 운영효율성과의 경쟁이다. 생산성의 진화 없이 기업의 가격 경쟁력과 이윤창출은 어렵다. 생산성이란 운영 효율성을 높여 원가경쟁력을 확보하여 수익성을 제고하는 능력으로, 기업의 생존 여부를 가늠할 수 있는 생존엔진이라 할 수 있다. 생산성은 투입을 산출로 전환하는 능력이며, 기업은 생산성 향상과 이익산출능력에 의해 생존이 결정된다. 생산성의 지표는 종업원 1인당(per capita) 매출액, 매출액 이익률, 총 자산 이익률(ROA) 등으로 정의된다.

넷째, 이러한 관점에서 볼 때, 창조성과 시장성은 직접적인 이익을 산출하는 재무성과라기보다는 과정적 경영활동인 비재무적 경영성과로 보는 것이 타당할 것이다. 이에 비해 생산성은 원가대비 산출(out put)의 셈법인 경영의 효율성을 통하여 수익을 창출하는 재무적 성과이다. 따라서 본 연구에서의 선순환이란 건강하고 지속가능한 기업이 되기 위해 건강성 지표인 이들 세 요소가 시간적 전후

관계를 가지고 연구개발 투자를 통해 특허 및 신제품을 창출하는 창조성과 이를 기반으로 신 시장을 개척하는 시장성, 그리고 경영효율성을 높이는 생산성으로, 생산성이 다시 연구개발로 재투자되는 선순환을 반복함으로써 기업의 지속적인 성장을 이루어 내는 것을 의미한다(Kim and Enriquez, 2015; Iansiti and Levien, 2004).

위 내용을 바탕으로 기업 건강성의 조작적 정의를 다음과 같이 내릴 수 있다. 기업 건강성의 요인인 창조성, 시장성, 생산성이 건강성 패러독스에 빠지지 않고 선순환 시스템을 유지함으로써 생태계 진화와 생태계 구성원의 재무적 비재무적 성장을 지속적으로 실현하는 것을 의미한다.

제3절 K-경영(Korean way management)

한국적 경영은 일본기업의 비즈니스 모델을 이론적으로 연구하기 시작했던 윌리엄 오우치의 Z-이론(Ouchi, 1981)[3]과 도요타 방식(제프리 라이커, 2004)[4] 등 일본식 경영과 William James, John Dewey 등으로 대표되는 미국의 현대철학 사조인 실용주의(또는 도구주의, pragmatism) 사상의 환경 속에서 태어난 능력중심의 미국식 경영방식인 S-C-P(Porter, 1985; Smith & Trigeorgis, 2004)[5] 모델의 조합에서 출발하고 있다. 그러나 한국적 경영은 이러한 기업가 정신의 조합에서 출발하지만, 구성원들의 한국적 특성인 지속적이고 깊은 정서

3) Z-이론(Ouchi, 1981) : 윌리엄 오우치(美) 교수가 제창한 경영이론. 일본의 조직 (J타입)은 미국사회의 규범과 문화적 장점을 그대로 유지하면서 일본의 경영방식을 혼합한 이론으로, 그룹의 책임을 강조하고, 상호 신뢰와 협력적 인간관계, 팀워을 중시함.

4) 도요타 경영방식(2004): 도요타의 지속가능 경쟁력의 핵심은 인간존중의 철학과 겸허한 자기 반성을 통한 지속적인 개선에 있다. 14가지 도요타 방식은 설립자로부터 내려오는 인간존중과 지속적인 개선의지와 이를 과학적으로 실천하는 도구이다.

5) S-C-P(structure-conduct-performance) Model: 구조-행동-성과모델, 1930년대 미국 경제학자들의 모임에서 기업의 환경과 행동, 성과 사이의 관계를 이해하기 위한 접근법으로, 산업 내 경쟁을 저해하는 요인들을 찾아내어 정부가 이들을 제거하여 산업 내 경쟁을 유도하는 정책을 펼 수 있도록 도와주는데 있었다.

적 공유(한국인의 정서: 은근과 끈기)가 조직에 대한 애착과 동기부여로 이어진다는 면에서 일본과 미국 경영으로부터 그 방향성을 달리하고 있다(Cardon, 2008; Hayton & Cholakova, 2012; Latham & Pinder, 2005). 한국적 경영은 신뢰와 단란함(togetherness)이라는 기업환경을 창조함으로서 구성원들 사이에서 응집성을 강하게 만들고 내재적 동기부여가 강화된 조직으로 변모시키는 것을 그 목적으로 한다. K-경영의 초기 개척자인 김 인수 교수에 의하면, 한국기업의 지난 60년간의 경영의 특징에 대해 스스로 관리할 수 있는 위기를 끊임없이 만들어내어 위기를 기회로 변화시키는 위기극복 메커니즘(Kim, 1998; crisis construction)이라고 하였다. 즉, 지난 60년간의 한국적 경영의 특징은 위기의 역사이며, 위기를 기회로 만들어 내는 위기극복의 역사이며, 도전과 혁신의 역사였다. 이처럼 한국형 기업가들은 위기를 선언하고 새로운 비전을 향해 3C(change, challenge, chance)관리의 기회로 만드는 특성이 있다. 그 결과 잠시 성장이라는 현재의 저주를 극복하고, 경쟁우위와 연속적인 s곡선[6]의 성공기업을 만들어왔다.

최근 한국기업의 지난 60년간의 한강의 기적을 일으킨 경영성과에 대해 남미, 아시아 기업들의 관심이 높아지고 있으며, 그 이유는 산업화와 민주화를 짧은 기간에 혁신적인 성공을 이루었다는 이유에서다. 특히 남미에서는 한국기업의 경영과 경험을 배우기 위한 노력이 현실화 되고 있으며, 2014년 5월에는 미국 워싱턴에서 IDB주관으로 한국기업의 경험을 남미와 카리비언 국가들에 소개하는 세미나가 개최되기도 하였다.[7] 다양한 위기 상황에서의 극복과 대한민국의 경제의 신화는 변화와 도전, 그리고 기회를 요소로 하는 꿈과 창조성과 시장성,

---

6) S곡선: 세계적인 컨설팅 기업인 액센츄어(accenture)가 만든 성공곡선으로, 성공한 기업들의 공통점을 뽑아 만든 개념이다. 엑센츄어의 CEO인 낭텀(Pierre Nanterme)은 S 곡선의 각 단계의 문을 여는 3개의 열쇠(three keys)는 첫째, 충분히 큰 시장을 찾아내는 것, 둘째, 조급한 시장 확장이 아니라 실력을 키우는 것, 셋째, 능력 있고 헌신적인 인재를 기르는 것이라고 하였다.

7) IDB(www.iadb.org), 2014년 5월 13~15일에 걸쳐 워싱턴에서 개최되었다. 또한 아르헨티나의 델 리토랄 국립대학에서는 MBA 수업에 한국경영학과목 개설을 준비 한 바가 있다.

그리고 생산성을 요소로 하는 흥이라는 '꿈 과 흥' 경영모델로 설명될 수 있으며, 꿈과 흥은 K-경영이 어떤 경영상의 메커니즘(mechanism)을 거쳐 성과로 이어지는가를 설명해 준다. 꿈과 흥은 구성원들이 일을 해야 하는 이유를 명확히 해줬고 몰입하게 하는 힘이 된 K-경영의 키워드이며, 기업의 성공과 지속적 발전에 핵심적인 영향을 미치는 구성 요소이다.

3.1 꿈(Dream)

본 연구에서의 꿈(夢)은 기업이 구성원들과 함께 경영활동을 통하여 미래의 현실에서 실현하고자 하는 바람직한 상태(desirable state)를 의미한다. 이를 기반으로 기업은 앞으로 나아갈 방향성과 조직의 자원을 한 곳으로 모으게 되며, 기업 내외적 환경과 호흡을 하면서 지속적으로 생존과 성장을 지향한다. 무한경쟁시장에서 가장 효율적인 경쟁 활동은 바로 적극적이고 동태적인 행동을 일으키는 기업가 정신이다. Peter Drucker(1964)에 의하면, 기업가란 부단히 역동적인 환경에 대응하는 변화를 추구하고, 꿈의 실현을 향해 끊임없이 도전하며, 새로운 사업기회를 발굴하는 힘의 원천인 기회를 지속적으로 추구함으로써 동태적 기업행동을 주도하며 실행하는 사람이다. 3C(change, challenge, chance)는 현재에 안주하지 말아야 함을 강조하는 키워드이며, 현재의 저주(curse of incumbency)[8]를 극복하려는 기업가정신이 충만한 기업만이 지속적으로 성장할 수 있는 경쟁력을 가질 수 있다고 하였다.

첫째, 변화(變化, change)는 환경변화에 대응하고, 주도하는 원천으로서 보다 나은 미래를 구상하며, 스스로를 열정적으로 몰입하게 하는 힘을 갖게 해 주어, 기업 스스로 성장하고 발전하는 원동력이 된다. 혁신을 주도하는 원천이 바로

---

8) Curse of Incumbency : Day, Diana.(1994), "The curse of incumbency: cannibalism, organizational locations, and innovativeness in internal corporate venturing." Organization Science, forthcoming 10 : 2635012.

변화이며, 변화를 의식적이고 조직적으로 추구하는 일이 체계적 혁신이라고 하였으며, 이를 통하여 경제적, 사회적 혁신을 성취하는 기회들을 분석하는 것이라고 하였다(Drucker, 1997). 변화는 아는 것과 실행과의 차이를 다루는 개념이다. 그것은 인식하고 있는 기회를 현실로 변화시키는 것을 의미한다. 비전의 제2의 주요 요소(envisioned future)는 실현될 명확한 비전을 가지고, 10~30년 정도의 장기간으로 구성된다. 크고, 흥미롭고, 대담한 목표(BHAGS: big, hairy, audacious Goals)를 담고 있는 장기적인 비전은 특별한 노력을 필요로 하며, 100%의 성공 가능성을 가질 필요는 없다. 그러나 조직은 그런 대담한 목표를 달성할 수 있다고 믿어야 한다(Collins and Porras, 1996).

BHAGS는 조직 구성원들을 몰입시키고 팀 정신의 기폭제로 작용할 수 있도록 분명한 결승선을 가지도록 명확하고 강렬한 것이어야 한다. 다른 한편, 언어로 구성된 비전을 생생한 그림으로 전환시키는 것이다. 그것은 조직 구성원들에게 BHAGS의 가시적 결과를 그릴 수 있도록 하는 상상력을 창조한다. 비전의 이런 생생한 표현은 열정과 감정, 그리고 신념으로 구성되어야 한다. 외냐하면 그것들은 조직 구성원들 스스로가, 그 비 전이 아직 실현되지 않은 상태일지라도, 이미 실현된 그림을 그리고 있기 때문이다. Collins and Porras는 성취된 BHAGS를 진전을 자극하기 위하여 다른 것들과 대체하고, 조직 내에서 자기만족적인 무기력을 피하도록 충고하고 있다.

둘째, 도전(挑戰, challenge)은 지각된 기회에 대한 동기부여적인 반응이며, 예기치 않게 닥칠지도 모를 어려움과 경쟁 그리고 한계와 상관없이 열망을 실현시키려는 의지와 몰입이다. 도전은 자기 진화성(self-evolution)을 원천으로 하며, 설정된 기업의 비전이나 조직의 목표가 개인의 목표로 내재화됨에 따라 조직의 꿈이 개인의 꿈으로 합일되어 인식됨으로써 꿈의 성취를 향해 전진하는 강한 의지와 힘의 원천으로 작용한다. Nanus(1992)는 기업 비전공유의 중요성을 강조하는 바, 그것은 직원들이 기업의 비전을 잘못 이해함으로써 초래되는 오도된 행동을 하는 것으로부터 지켜주는 기준이기 때문이다. Collins와 Porras(1996)

에 따르면, 비전의 핵심요소는 조직 구성원들이 변화에 대해 기회를 인식하도록 하는 안내자 역할과 영감을 주는 중심 철학이라고 하였다. 비전은 또한 기업이 도전해서 성취할 목표와 책임으로 제시되는 바, 그것은 기업의 현재 영역보다 더 넓거나 높은 외부에서 중요한 기회를 발견하도록 인도할 수 있기 때문이다 (Lynch, 2006). 도전과정에서 나타날 수 있는 한계, 경쟁, 그리고 역경은 파괴적이 아닌 긍정적인 관접에서 받아들여지는 것이며, 조직의 성장과 통일성뿐만 아니라 역동적인 능력을 개선시키는 길잡이로 여겨지는 것이다.

셋째, 기회(機會, chance)는 비전에 대한 Pejza의 정의에 의하면, "a hunger to see improvement"(Pejza, 1985)에서, 더 나은 미래를 위한 바람과 기회를 인식하는 능력으로부터 시작된다고 하였다. Wootton and Horne(2010)는 기업의 비전을 바람과 가치, 그리고 가능성의 공명이라고 하였다. 때때로 기업은, 구성원들에게 도전정신을 일깨우고, 관행을 타파하며, 고정관념을 불식시키기 위하여, 비전을 높게 설정한다(Bennis & Nanus, 1997). 이러한 바람과 더 나은 것에 대한 원망이 없다면 새로운 기회를 찾을 목적과 이유가 없을 것이다. 따라서 기회는 현상으로부터의 향상과 성장을 낳기 위한 가능성과 기회의 탐구와 인식이다.

기회(機會)의 또 다른 의미는 기업이 새로운 사업을 발굴하는 힘의 원천으로서, 앞으로 나아갈 준비가 된 기업은 어떠한 한계와 역경 속에서도 변화와 희망을 찾아내는 의지와 능력이라 할 수 있다. 기회발굴에 대해 생태학적 관점으로 말하면, 개체가 새로운 환경에 적응해야 한다는 강한 위기감이 신체의 신경 생리학적 반응들을 빠르게 동조시키며 환경에 적응하게 만드는 것에 비유된다고 할 수 있다. Drucker는 기업가는 부단히 변화를 찾고, 도전하며, 기회를 추구하여, 조직 구성원들에게 지속적으로 신 성장 동력을 만들어가는 꿈을 제안하여 공유하도록 하는 사람이라고 하였다. 이리하여 기업가는 종업원들의 주인의식을 함양시키고 내재적 성취동기를 충만하게 함으로써 기업의 지속적 성장을 위한 기회를 끊임없이 추구함으로써 경쟁력을 강화해 나아갈 수 있는 것이다.

3.2 흥(Excitement)

본 연구에서의 흥(興)은 인간의 정서적 특성의 하나로, 인간의 내면세계로부터 자발적으로 발현하는 재미, 즐거움, 기쁨, 상쾌함과 같이 긍정적이고 즐거운 기분을 일어나게 하는 양(陽)의 정서를 일컫는다. 흥은 한국인의 정신세계나 일상생활 속에 많이 내재되어 있으며(김혜진 외, 2015), 발산성(發散性), 몰입성(沒入性), 그리고 난장성(亂場性)이라는 세 가지 속성으로 구성되어 있다. 이 속성들은 흥을 유지시킬 뿐 아니라 전염성을 가지고 있어서 타인에게 전이되고 발전되어 공유됨으로써, 구성원들의 자발적인 참여와 끊임없는 열정을 불러 일으켜 기업성과와 조직문화에 커다란 영향을 끼친다. 흥은 단순히 재미나 흥미만을 유발하는 것이 아니라 일에 몰입하고 예상치 못하였던 커다란 힘을 발휘하여 새로운 지평을 주도하는 역할을 하기도 한다. 흥은 기업의 효과성과 효율성에 기여하며, 특히 기업의 재무적. 비재무적 건강성을 판단하는 지표인 시장성, 생산성, 창조성과 밀접한 관련성이 있으며, 지속적으로 이에 영향을 미친다.

첫째, 흥의 발산성(Contagiousness)은 흥에 의하여 유쾌하고 긍정적인 기운이 다른 사람에게 전이되고 유포 되는 것을 의미하는 것(Grafton, 2007; Kim, 1982)으로, 행동의 증폭성과 확산성을 유발하여 조직원들의 공통된 상호행동 동조로 이어져 하나의 목표, 하나의 방향을 향해 달려갈 수 있는 강한 동기부여의 원천이 된다. 모든 조직 구성원들이 마음을 다하여 일할 수 있는 분위기가 형성되면, 이는 기업의 문화로 발전되고 더 나아가 시장의 새로운 기회를 포착할 수 있는 원동력이 된다. 즉 발산성은 시장창조의 원천이 되는데, 특히 한국의 기업은 세계적인 경영학자인 Clayton M. Christensen 교수의 저서 "혁신기업의 딜레마(클레이튼 크리스텐슨, 1997)"에서 개념을 처음 소개한 바와 같이, 소위 파괴적 혁신[9]의 방법으로 빠른 성장을 이루어 내는 특성을 지니고 있다. 기존의

9) 파괴적 혁신(Disruptive Innovation): 기존시장을 파괴하고 새로운 시장을 창출하는 것을

질서를 무너뜨리고 시장의 패러다임을 변화시켜 성공을 이끌어 내는 것이다. 발산성은 전염성 있는 발전일 수 있는 바, 그것은 조직 내.외부 간의 조화를 창조하며, 모두가 열심히 협력하는 환경을 조성하며, 함께 일하여 상호간의 성장을 위하여 서로 협력하며, 긍정적인 근무분위기를 촉진한다. 흥에서 조직원들로부터 동기를 이끌어내는 핵심 요인은 발산성으로, 그것은 기업차원의 통일성과 협동을 조성하며, 기업생태계의 다른 구성원들에게도 긍정적인 영향을 미친다 (Scarnati, 2001).

둘째, 흥의 몰입성(flow effect)은 인간의 자발적 마음으로부터 발현하는 재미나 즐거운 감정이 어떤 대상에 깊이 파고들거나 빠지는 현상(Csikszentmihalyi, 1990)으로, 몰두, 열중, 탐닉과 유사한 의미를 갖는다. 흥의 몰입을 강하게 유발하는 것은 내재적 동기로, 이는 행동 자체가 목표가 되어 거기서 즐거움을 얻으려는 것이고, 그 목적이 개인 스스로에 의한 내적인 경험이며, 행위 자체에 완전히 몰입한 최적 경험상태라고 말 할 수 있다. 조직 내에서 개인의 성과를 인정해주고 칭찬해주는 문화에서 자발적인 내재적 동기가 발달할 수 있으며, 이는 외적인 물리적 보상이 없더라도 조직문화와 분위기를 통해 자발적 동기부여 (inherent engagement)[10]로 행동을 불러일으키게 된다. 결국 흥의 몰입성은 생산성과 직결되는 것으로 일의 효율성을 높이는 중요한 요소가 된다. 조직몰입에는 지속성(continuance), 규범성(normativity), and 정서성(affectivity)이라는 세 가지의 유형이 있다(Allen and Meyer, 1990). 지속적 몰입은 기업 밖으로 나가는 가능한 비용을 줄이는 것이다. 반면에 규범적인 몰입은 기업에 머물고 기여할 지각된 의무적 충성에서 발견된다. 정서적 몰입은 기업과 함께 일하는 것과 관련된 긍정적인 경험에 의해 준비된다.

뜻한다. 미국의 크리스텐슨(Clayton M. Christensen)하버드 경영대 교수가 창시한 용어로 '혁신기업의 딜레마(1997)'를 통해 처음소개.

10) 자발적 동기부여(Inherent Engagement): Daniel Pink의 저서 'Drive(청림출판, 2011)'에서 자율성(Autonomy), 숙련(Mastery), 목적(Purpose)은 자발적 동기부여의 요소이며, 일에 대해 가치를 느끼고, 자신의 일에 몰입할 수 있게 되며, 구성원들 간의 신뢰, 소통과 강한 소속감은 자발적 동기부여에 필요한 조직문화의 요소라고 하였다.

셋째, 흥의 난장성(carnival effect)은 여러 사람이 뒤섞여 떠들어대거나 뒤죽박죽이 되어 난장판인 상태, 즉 격식이나 체면 같은 가면을 모두 벗어던진 상태를 의미하는 것이다. 난장성은 카니발 효과 이론에서 기인하였는데, 배우와 구경꾼이 뒤섞여 아무런 구별 없이 자유롭게 참여하는 축제를 뜻한다. 난장판 같은 축제란 경계, 즉 문지방(liminality)을 넘어서는 것이어서 축제가 끝나고 나면 서로 동질성이 강해지고 진한 동료애가 생기며, 새로운 코스모스(cosmos, 질서, 조화)가 만들어진다. 결국 흥의 난장성은 혼돈(Chaos) 속에서 조직은 재창조(recreation)의 과정을 밟게 되고, 조직구성원들로 하여금 새로운 질서를 만들어내는 창조적 역량(creativity)을 발휘하도록 한다(Dolan et al., 2000; Smith and Paquette, 2010).

조직은 기존 조직 내에서 혼돈(chaos)이 많을 때, 선택을 넓히고 창조적인 활동을 자극하도록 압력을 받게 된다(Nonaka, 1988). 그래서 기업은 이런 혼돈을 가라앉히기 위해 보물찾기를 해야 한다. 혼돈으로부터 질서를 만들어내는 것은 창조적인 기회의 추구로 변화되는 것이다. 탐험은 기업의 혁신활동 뿐만 아니라 연구, 발견, 실험, 위험감수 등과 같은 요소로 구성된 기업 활동을 포함한다(Cheng & Van de Ven, 1996). 창조성은 지금까지 고려되지 않은 것을 찾는 과정으로 정의된다(Gilliam, 1993). 또한 Weinman(1991)은 창조를, 기존의 범주와 반복적인 것 대항하여 일상적이고 분명한 것을 초월하는 것에 초점을 맞추는 능력이라고 정의하였다. 심리학적인 면에서 창조는, 문제를 인식하고, 적극적으로 해결책을 찾고, 선택을 저울질하고, 마지막으로 어려운 산고의 깨달음을 거쳐서 새롭고 신선한 개념이 소통되는 과정으로 볼 수 있다(Torrance, 1965; Wallas, 1926).

3.3 기업가 정신

무한경쟁시장에서 가장 효율적인 경쟁행동은 무엇일까? 적극적이고 동태적인 행동을 만들어내는 것은 바로 기업가 정신에서 비롯된다. 기업가 정신에 대한 정의는 시대와 학자에 따라 다양하고 정의의 한계를 내포하고 있지만, 그 중에서도 대표적인 학자들의 정의를 살펴보면 다음과 같다. 첫째, 기업가 정신이란 불확실한 미래를 정확히 예측하고 끊임없는 변화를 모색하는 가운데, 기업을 키우려는 분명하고도 확실한 의지이다(Sshumpeter. 1934). 슘페터는 새로운 상품개발이나 사업개발을 통해 기존 시장을 창조적으로 파괴하여 기업의 지속성장을 추구하는 기업가의 혁신적인 의지가 기업가 정신이며, 혁신적인 기업가는 신제품 개발, 생산방법의 개선, 신 시장 개척, 원료부품의 새로운 공급망 구축, 조직의 변화, 복지향상을 통한 노동 생산성의 증대 등을 적극적으로 지향한다고 주장하였다. 둘째, 기업가 정신은 또 다른 사람들에게 더 많은 기업가 정신을 가능케 하는 환경을 조성함으로써 수요자의 당면 욕구를 찾아내고 그 욕구를 충족시킬 효과적이고도 새로운 방법을 찾아 불균형 상태의 시장을 균형 상태로 변화시키는 창조적 건설자로도 해석된다(Israel, 1997). 셋째, Drucker에 의하면, 기업가란 끊임없이 변화를 찾고, 도전하며, 기회를 추구하는 사람이라고 하였다. 즉, 변화해야 하고, 도전해야 하며, 기회를 포착해야하는 동태적 기업행동을 주도해야 한다. 3C는 현재에 안주하지 말아야 함을 강조하는 키워드이다. 현재의 저주(curse of incumbency)를 극복하려는 기업가정신이 있는 기업만이 지속적으로 성장할 수 있다(피터 드러커, 2004). Drucker는 기업가 정신을 특별한 기예도 아니며, 하나의 실천이란 말로 압축하여 설명하고 있다. 맥도날드처럼 새로운 제품을 발명하지는 않았으나 기존 레스토랑의 제품을 경영개념과 경영기술을 적용하여 제품을 표준화하고 프로세스와 기구를 디자인하여 종업원이 해야 할 일을 정해 훈련시키고 필요한 표준을 정해 자원의 생산성을 급격히 향상시킴으로서 새로운 고객과 새로운 시장을 창출한 것 역시 기업가 정신에 의해 이루어진 것이라고 주장했다. 즉, 뭔가 새로운 것, 혹은 차별화 된 제품과 서비스를 생산해 가치를 바꾸거나 변형하고, 변화를 탐색해 그것에 대응하고 그것을 하나의 기회로 활용하는 개념이란 것이다.

기업가 정신에 대한 다양한 해석의 배경에는 전통적 개념의 기업가와 현대적 기업가에 대해 본질적으로 상이한 해석에서 연유 한다(박유영, 2013). 전통적 고전적 의미에서의 기업가는 비전과 개척자 정신, 창의성과 혁신, 위험의 부담과 성취욕으로 표현되고, 현대적 의미로 추가되는 기업가의 본질은 우수기업의 창조와 인재양성 및 사내 기업가의 양성과 변혁적 리더십을 포함한다(문원택, 2001).

따라서 기업가 정신은 끊임없이 변화를 추구하며 위험을 무릅쓰는 도전정신, 포착된 기회를 놓치지 않고 사업화하려는 시도와 혁신적 정신이며, 기업가의 행동적 실천적 특성을 말하는 개념으로, 창조성과 창조적 파괴성에 근거해 기업의 창업과 성장 및 기업가적 인재양성을 끊임없이 추구하는 기업가의 역량으로 정의된다(박유영, 2013).

III 플랫폼기반 경영환경에서 K-경영의 요소가 기업 건강성에 미치는 영향

제1절 연구목적

본 연구는 K-경영의 구성요소인 꿈과 흥이 플랫폼 기반의 경영이라는 새로운 경영환경을 통하여 어떻게 기업건강성에 유의한 영향을 미치는지에 대하여 그 경로와 효과성을 검증하는 것을 연구목적으로 한다. 기업 건강성은 기업생태계의 선순환 3요소를 중심으로 분석하고자 하며, 건강성은 미래의 환경변화에 선제적으로 대응하기 위한 연구개발 투바활동으로 신제품 및 특허, 기술력 향상 등을 추구하는 창조성, 연구개발의 성과로 만들어진 신제품과 기술력을 바탕으로 새로운 틈새시장을 개척하고 시장을 점유하는 시장성, 기업의 자산과 생산요소를 얼마나 효율적으로 사용했는가를 나타내는 매출액 향상과 매출액 이익률, 총자산 이익률(ROA) 등으로 생산성이 측정된다(김기찬 & John Laurence Enriquez, 2015; Kim, K. C. et al., 2016; Iansiti and Levien, 2004).

플랫폼기반 경영은 온라인과 오프라인 분야를 막론하고 스마트시대의 기업경쟁력의 핵심 경영트렌드이지만, 플랫폼은 그 자체로 완결하지 않은 도구, 즉 빈 공간(unoccupied system)이 있는 그릇과 같은 것이다. 따라서 K-경영은 그 무형적 요소인 꿈과 흥을 플랫폼의 어떤 보완적 영역과의 접점(interface)을 통하여 플랫폼이 단순한 추상적 공간이 아닌 꿈과 흥이 있는 공간 즉, 변화와 도전, 그리고 기회를 모색하고, 창조적, 시장 지향적, 그리고 생산성을 추구하는 장(場)으로 채워짐으로써 플랫폼을 기반 경영의 경쟁력을 더욱 강화하고, 구성원인 기업들의 건강성에 질적. 양적인 변화를 기대할 수 있다는 가정이다.

제2절 연구가설 및 연구모형 설계

2.1 연구가설 수립

(1) 꿈(Dream)

K-경영의 요소인 꿈은 기업이 구성원들과 함께 미래의 현실에서 이루어야할 바람직한 상태(desirable status)로서 기업을 변화시키는 원동력으로 작용하여 기업의 방향성과 지속적 성장을 위한 기반이 되며, 그 구성요소로 환경변화에 대응하는 변화, 꿈의 실현을 향해 전진하는 도전, 그리고 새로운 사업기회를 발굴하는 힘의 원천인 기회 등이다. Peter Drucker(1964)에 의하면 기업가는 비전을 새로운 기회로서, 변화를 추구하고, 도전하며, 또한 이용한다고 하였다.

꿈의 구성요소인 변화, 도전 그리고 기회는 플랫폼의 생태계에 공유되는 무형의 자산으로서, 플랫폼의 생태계에 내적, 외적 효용성에 영향을 미치고 있음을 시사하고 있다. 변화는 환경변화에 대응하는 원천으로서 아는 것(knowing)과 실행하는 것(doing)의 차이를 의미하는 것으로, 인식된 기회를 현실로 바꾸는 것이다. 도전은 지각된 꿈을 실현시키려는 의지와 몰입(willingness and commitment)을 그 요인으로 하며, 비전의 핵심 구성요소라고 하였다(Nanus, 1992). 그리고 Pejza(1985)에 의하면, 비전을 "A hunger to see improvement" 라고 한 바와 같이, 기회는 보다나은 미래를 위하여 바람과 기회를 인식하는 능력, 즉 새로운 사업기회를 발굴하는 능력이라고 할 수 있다.

플랫폼기반경영은 자원중심의 전통적인 기업경영(investor, customer, employee)에서 관계중심사고로 패러다임이 바뀐 경영형태라고 할 수 있다. 그러므로 플랫폼은 그 자체로 완결하지 않은 도구, 즉 빈 공간(unoccupied system)이 있는 그릇과 같은 것이다. 관계의 객체인 누군가와 소통을 통해 채워야 할 자리가 비어있다는 뜻이다. 미완의 공간을 열어놓고 소통하며, 채워감으로써 지속적 성장을 꿈꾸는 것이 플랫폼 경영이다. 그리하여 플랫폼이라는 장(場)에 공유된 꿈을 바탕으로 미완의 기반 솔루션을 마련함으로써 생태계의 보완자들이 참여할 유인과 채워지지 않은 다양한 공간을 제공하고, 이에 참여자들은 보완적 솔루션들을 스스로 개발하여 허(虛)를 채움으로써 생태계의 지속적 경쟁력 강화와 공진화를 이루어 낸다. 따라서 기업의 꿈은 기업 혼자서 이루는 것이 아니라 생태계 구성원들과의 공유된 꿈을 바탕으로, 다자협력체인 시스템적 경영, 즉 플랫폼에 기반을 둔 경영활동에 의하여 생태계 구성원 전체가 건강한 경영성과의 보다 효율적인 실현이 가능하게 된다(Kim et al., 2016). 본 연구에서는 이상의 논의를 바탕으로 다음의 연구 가설을 도출한다.

가설 1-1: K-경영의 요소인 꿈은 플랫폼 기반 경영에 유의한 정(+)의 영향을 미칠 것이다.

가설 1-2: K-경영의 요소인 꿈은 기업 건강성에 유의한 정(+)의 영향을 미칠 것이다.

(2) 흥(excitement)

흥은 인간의 마음속에 내재한 재미, 즐거움, 기쁨, 상쾌함과 같은 긍정적이고 즐거운 기분을 자발적으로 발현하게 하는 양(陽)의 정서로 정의될 수 있으며, 한국인의 정신세계나 일상생활 속에 많이 내재되어 있다(김혜진 외, 2015). 흥에는 세 가지 속성이 있는데, 발산성(發散性), 몰입성(沒入性), 그리고 난장성(亂場性)이 그것이다. 이 세 가지 속성은 흥을 지속시킬 뿐 아니라 타인에게 전이되고 발전되어, 조직원들의 자발적인 참여와 끊임없는 열정을 불러 일으켜 기업성과와 조직문화에 커다란 영향을 끼친다. 흥은 특히 기업의 건강성을 판단하는 지표인 창조성, 시장성, 생산성과 밀접한 관련성을 가지고 있으며, 이에 영향을 미친다.

흥의 속성인 발산성, 몰입성, 난장성은 꿈의 요소와 함께 플랫폼의 생태계에 공유되는 무형의 자산으로서, 플랫폼의 생태계에 내적, 외적 효용성에 영향을 미치고 있음을 시사하고 있다. 발산성은 흥에 의하여 유쾌하고 긍정적인 기운이 다른 사람에게 전이되고 유포 되는 것을 의미하는 것(Grafton, 2007; Kim, 1982)으로, 행동의 증폭성과 확산성을 유발하여 조직원들의 공통된 상호행동 동조로 이어져 하나의 목표, 하나의 방향을 향해 달려갈 수 있는 강항 동기부여의 원천이 된다. 몰입성은 인간의 자발적 마음으로부터 발현하는 재미나 즐거운 감정이 어떤 대상에 깊이 파고들거나 빠지는 현상(Csikszentmihalyi, 1990)으로, 몰두, 열중, 탐닉과 유사한 의미를 갖는다. 흥의 난장성은 여러 사람이 뒤섞여 떠들어대거나 뒤죽박죽이 된 상태를 의미하는 것으로, 이는 카니발 효과 이론에서 기인하였는데 배우와 구경꾼의 구별 없이 모든 사람이 자유롭게 참여하는 축제를 뜻한다. 난장판 같은 축제란 문지방(liminality)을 넘어서는 것이어서 축제가 끝나고 나면 서로 동질성이 강해지고 진한 동료애가 생기며, 축제가 끝나고 나면 새로운 코스모스(질서, 조화)가 만들어진다. 혼돈(Chaos) 속에서 조직은 재창조의 과정을 밟게 되고, 창조성으로 발현 된다(Dolan et al., 2000; Smith and Paquette, 2010).

따라서 흥은 기업생태계 구성원의 개성과 전체의 조화를 아우르는 정서적 인자로서 구성원의 지향성과 공유경제를 동시에 실현하는 원인변수로 볼 수 있다(김기찬 외, 2015; Kim et al., 2016). 위의 논의를 바탕으로 다음과 같은 연구가설을 도출한다.

가설 2-1: K-경영의 요소인 흥은 플랫폼 기반 경영에 유의한 정(+)의 영향을 미칠 것이다.

가설 2-2: K-경영의 요소인 흥은 기업 건강성에 유의한 정(+)의 영향을 미칠 것이다.

(3) 플랫폼 기반 경영

플랫폼 기반경영은 개별기업의 기술과 자본투입에 의존하는 나 홀로 경영이 아니라 기업들이 기업생태계의 파트너로서 네트워크 구성과 협력적 상생관계를 지향함으로써, 외부성 효과(externality effect)를 높이는 융합(融合, convergence), 월경(越境, open boundary), 통섭(統攝, consilience : 결과의 부합, 일치)을 지향하는 통합적. 관계적 접근 경영모델이라고 조작적 정의를 내릴 수 있다(김기찬, 2009).

플랫폼기반경영은 자원중심의 전통적인 기업경영(investor, customer, employee)에서 관계중심사고로 패러다임이 바뀐 경영형태라고 할 수 있다. 그러므로 플랫폼은 그 자체로 완결하지 않은 도구, 즉 빈 공간(unoccupied system)이 있는 그릇과 같은 것이다. 관계의 객체인 누군가와 소통을 통해 채워야 할 자리가 비어있다는 뜻이다. 미완의 공간을 열어놓고 소통하며, 채워감으로써 지속적 성장을 꿈꾸는 것이 플랫폼 경영이다. 꿈과 흥은 플랫폼의 생태계에 공유되는 무형의 요소로, 플랫폼비즈니스의 내적·외적 효용성에 영향을 미침으로써 미완의 기반 솔루션과 함께 생태계의 보완자(complementer)들이 참여할 유인을 제공하고, 보완자들은 플랫폼에 마련된 채워지지 않은 미완의 기반 솔루션을 바탕으로 보완적 솔루션들을 스스로 개발하여 허(虛)를 채움으로써 생태계의 지속적 경쟁력 강화와 공진화를 이루어 낸다. 따라서 다자협력체인 시스템적 경영, 즉 플랫폼에 기반을 둔 경영활동에 의하여 생태계 구성원 전체가 건강하고 지속가능한 경영성과의 보다 효율적인 실현이 가능하게 된다(Kim et al., 2016). 이상의 논의를 바탕으로 다음의 연구 가설을 도출한다.

가설 1-3: 플랫폼 기반 경영은 꿈과 기업 건강성 간의 관계를 매개할 것이다.

가설 2-3: 플랫폼 기반 경영은 흥과 기업 건강성 간의 관계를 매개할 것이다.

가설 2-4: 플랫폼 기반 경영은 기업 건강성에 유의한 정(+)의 영향을 미칠 것이다.

(4) 기업 건강성

본 연구에서는 경영성과를 기업생태계 관점에서의 생태계 건강성으로 보며, 재무적인 면과 비재무적인 측면을 모두 포괄하는 개념이다, Iansiti and Levien(2004)은 기업생태계에서 기업의 건강성을 담보하는 요소로 창조성, 시장성, 생산성을 제시하였다. 이들 세 요소가 시간을 전후해 서로 맞물려 선순환을 반복함으로써 생태계의 지속적인 진화를 이루어 내는 것으로 본다. 기업이 연구개발을 통하여 신제품 및 신기술 등을 개발하면, 신제품과 기술력을 바탕으로 신 시장을 개척하여 매출액 향상으로 이어지고, 이는 다시 매출액 이익률, 총자산 이익률(ROA)을 나타내는 생산성으로 이어지며, 그 생산성을 바탕으로 또다시 연구개발로 재투자되는 선순환 과정을 거칠 때, 기업생태계는 지속가능한 성장과 진화가 가능하다(Kim and Enriquez, 2015).

따라서 기업은 단기적으로 이윤을 추구하는 것보다 지속가능한 성장을 위한 건강한 기업이 되어야 하며, 끊임없는 자기혁신을 통해 생태계에서 진화하고 장수해야 한다(Nelson & Winter, 1982).

2.2 연구모형 설계

본 연구는 K-경영의 주요변수인 꿈과 흥이 플랫폼 기반 경영환경에서 기업 건강성에 어떤 영향을 미치는지에 대해 실증하는 것이다. 선행연구를 기반으로 본 연구의 개념적 모형은 〈그림 2〉와 같이 구성되었다. 플랫폼 기반 경영에 영향을 미치는 변수들이 다양하지만, 본 연구에서는 K-경영의 요소인 꿈과 흥에 초점을 두고, 연구모형을 수립하였다. 앞에서 설명된 4개의 변수로 구성된 연구모형을 아래와 같이 제시하였다.

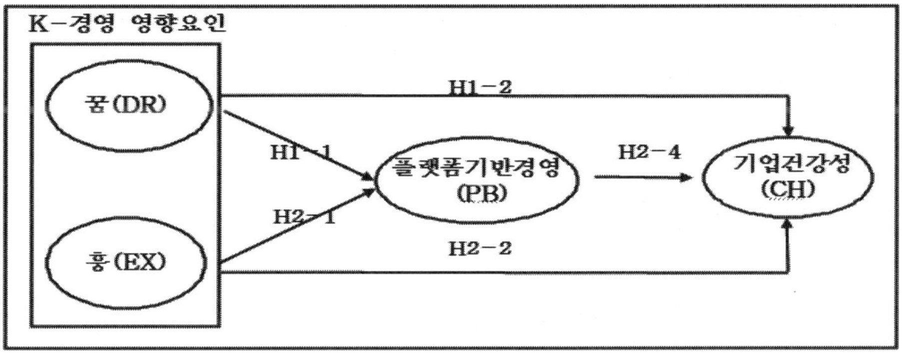

▌그림 2▌ 연구 모형

제3절 실증분석

3.1 연구 방법

본 연구를 위해 수집된 설문자료의 통계처리는 사회과학 연구에 가장 범용으로 활용되는 SPSS 23.0 Version 통계프로그램을 이용하여 분석하였다. 첫째, 수집된 설문자료의 인구통계학적 특성을 살펴보기 위해 기초통계분석으로 빈도분석과 평균분석을 활용하였다. 둘째, 본 연구에 사용된 측정도구의 신뢰성과 타당성을 검증하기 위한 요인추출방식은 통계적으로 보다 명료한 주성분 분석을 사용하였고, 요인회전은 Kaiser 정규화가 있는 베리멕스(Varimax) 방법으로 탐색적 요인분석(EFA)을 실시하였다. 셋째, 측정항목들의 신뢰성을 검증하기 위해 Cronbach's Alpha 값을 측정하였다. 넷째, 독립변수들 간에 강한 상관관계가 나타나는지를 확인하기 위하여 다중 공선성(VIF, 공차)을 검증하였다. 또한 동일방법 편의 검토를 통하여 독립변수와 종속변수를 동일한 측정도구와 응답원에 의해 측정함으로써 발생할 수 있는 오류를 확인하였다. 다섯째, 본 연구의 독립변인 꿈과 흥, 매개변인 플랫폼기반 경영, 그리고 종속변인 기업건강성과의 상관관계를 살펴보기 위하여 단순회귀분석을 실시하였으며, 특히 매개효과 검증을 위해 3단계 계층적 회귀분석을 실시하였고, Sobel Test로 사후검증을 실시하여 통계적 유의성을 확인하였다.

3.2 표본의 특성

2016년 1월7일부터 2월 22일까지 45일간에 걸쳐서 국내 기업(주식회사)의 소속직원들을 대상으로 설문조사를 실시하여 응답 수 501개를 회수하였으며(회수율 = 70.7%), 지역별로 서울 102개, 경기 및 인천 101개, 경상도 99개, 전라도 78개, 충청도 82개, 강원도 39개를 회수하였다. 응답 수 501개 중, 결측치 75개를 제외하고 유효한 426개를 통계 분석 대상으로 하였다(유효율 = 85.0%).

❙표 1❙ 표본의 특성

구 분	항 목	빈도 (%)
성 별	남	220 (51.6)
	여	206 (48.4)
직 무	사무직	303 (71.1)
	기능직	42 (9.9)
	경영관리직	40 (9.4)
	서비스직	22 (5.2)
	영업직	19 (4.5)
연 령	20대	54 (12.7)
	30대	185 (43.4)
	40대	120 (28.2)
	50대	53 (12.4)
	60대	14 (3.3)
결혼유무	기혼	296 (69.5)
	미혼	130 (30.5)
직무범위	관리직	174 (40.8)
	업무수행자	252 (59.2)
근속기간	10년 미만	309 (72.5)

구 분	항 목	빈도(%)
회사의 규모 (2015년 매출액기준)	100억 미만	190 (44.6)
	100억~1000억 미만	139 (32.6)
	1000억~3000억 미만	39 (9.2)
	3000억~1조 미만	29 (6.8)
	1조 이상	29 (6.8)
회사의 규모 (종업원 수)	5인 미만	28 (6.6)
	5인~20인 미만	97 (22.8)
	20인~100인 미만	135 (31.7)
	100인~300인 미만	75 (17.6)
	300인 이상	91 (21.4)
매출액 (5년간)	성장	294 (69.0)
	감소	132 (31)
업 종	제조업	187 (43.9)
	서비스업	113 (26.5)
	유통업	59 (13.8)
	건설업	44 (10.3)
	기타	23 (5.4)

구 분	항 목	빈도 (%)	구 분	항 목	빈도(%)
	10년~20년	96 (22.5)			
	20년 이상	21 (4.9)			
근무형태	내근직	371 (87.2)			
	외근직	44 (10.3)			
	복합직	11 (2.6)			
계		426 (100%)			

본 표본의 기술통계량 산출결과 나타난 특성을 살펴보면, 설문조사에 참여한 남녀의 비율은 대체로 비슷하게 나타났으며, 직무형태별로는 사무직이 전체 응답자의 71.1%(303명)를 차지하였다. 응답자의 평균연령은 39.1세이고, 근속기간은 약 13년 정도로 관리직 보다 업무 수행직(59.2%)이 많았다. 응답자의 회사 규모를 보면, 매출액은 2015년 기준 평균 1500억 원 정도로 나타났으며, 1000억 미만 기업의 응답자 수가 329명으로 전체의 77.2%를 차지하였고, 1조원이 넘는 기업은 6.8%의 분포를 보였다. 종업원 수는 평균 134명 정도이고, 100인 미만 기업이 54.5%로 나타났다.

3.3 측정 변수

본 연구를 위한 측정문항은 문헌검토를 통해 개발되었으며, 변수, 문항과 관련 문헌에 대한 구체적인 내용은 〈표 2〉와 같다. 잠재요인인 꿈, 흥, 플랫폼기반경영, 기업건강성에 대한 유효한 측정문항들은 총 29개 문항 중 23개 항목이며, 7점 리커트 척도(Likert scale)로 측정되었다.

▌표 2▐ 측정변수 및 측정변수의 조작적 정의

변 수		측 정 변 수	조작적 정의	관련 문헌
K-경영 K-경영	꿈 (DR)	꿈의 도전성 (DR6)	열망을 실현시키려는 의지와 몰입이며, 지각된 기회에 대한 동기부여적인 반응	Joachim(2010), Drucker(1964, 1993, 1997)
		꿈의 구체성 (DR2)	가능성 있는 시장에 도전하는 구체적인 꿈의 존재 유무	
		꿈의 변화성 (DR7)	환경변화에 대응하고 주도하는 원천이며, 변화를 의식적이고 조직적으로 추구하는 체계적 혁신	
		꿈의 공유1 (DR5)	회사의 비전을 구성원들과 상시적으로 공유하는 문화인가.	
		꿈의 공유2 (DR8)	공유된 꿈이 새로운 사업기회를 발굴하는 힘의 원천이 되는가.	
		꿈의 기회성 (DR9)	경영자의 꿈과 그 실천적 의지를 구성원들과 공유하는가.	
		꿈의 크기 (DR3)	미래에 실현하기 위한 중장기적인 큰 비전.	
	흥 (EX)	흥의 몰입성 (EX3)	흥의 몰입적 성향에 의하여 스스로 일에 열중하는 내재적 동기	Grafton(2007), Kim(1982), Csikszentmihalyi (1990), Dolan et al.(2000), Smith & Paquette (2010)
		흥의 발산성 (EX2)	흥의 증폭성에 의하여 새로운 기회가 왔을 때 적극적으로 실천하게 되는 동기부여의 원천	
		흥의 난장성 (EX4)	카니발효과로, 축제를 하고 나면 기존의 질서가 무너지고, 새로운 조화(cosmos)가 만들어짐	
플랫폼 기반경영 (PB)		열린 혁신 (PB6)	플랫폼 내부 콘텐츠의 품질관리로 외부의 참여자가 잘 유입되어 새로운 가치를 창출할 수 있도록 하는 관리	김기찬(2009), Gawer & Cusmano(2002) , Sisodia et al. (2007)
		중개자 법칙 (PB5)	생태계 구성원들에게 가치창출과 분배를 효과적으로 수행하는 중개자 역할로 플랫폼의 경쟁력을 지속시키는 것	
		흥의 법칙 (PB8)	생태계 구성원들에게 흥을 일으킴으로써 자발적으로 몰입을 하게 하는 것	
		지휘자 법칙 (PB4)	플랫폼의 지배자가 아닌 지휘자로서의 역할을 통해 생태계 내 기업들 간에 상생이 일어나도록 하는 플랫포머로서의 역할	

변 수	측 정 변 수	조작적 정의	관련 문헌
	뜻밖의 재미 (PB3)	외부 참여자들이 오래 머물고 싶어 하는 체험의 재미와 뜻밖의 가치를 제공하는가.	
	외부성 효과 (PB10)	구성원들 간에 새로운 고객이나 지식. 기술이 생겨 생태계에 활력을 더하고, 메가 시너지가 창출되는 효과	
	킬러콘텐츠 (PB1)	참여자와 사용자들에게 플랫폼으로 확실하게 유인할 수 있는 솔루션으로서의 콘텐츠	
	플랫폼 마당 (PB8)	다양한 이해관계자와 협력하며 뛰어놀 수 있게 하여, 사람을 오게 끌어당기는 힘이 있는 공간	
기업건강성 (CH)	창조성1 (PE3)	미래의 환경변화에 선제적으로 대응하기 위한 연구 개발 투자 활동	Iansiti & Levien (2004), 김기찬 외(2012)
	창조성2 (PE2)	연구개발을 통한 신제품 개발 및 기술력 향상정도	
	시장성 (PE4)	연구개발의 성과로 만들어진 신제품이 신 시장에 침투되는 정도 및 시장을 점유하는 능력	
	생산성1 (PE5)	자산을 얼마나 효율적으로 운영했는가를 나타내며, 1인당(Per Capita) 매출액 향상정도	
	생산성2 (PE6)	운영효율성을 높여 원가경쟁력을 유지하는 능력으로, 1인당 영업이익 향상정도	

3.4 요인분석 및 신뢰도 분석

요인분석을 위하여 먼저 본 표본의 적절성을 검증한 결과 KMO(표본의 적절성 측정치: 0.5이상) 값이 0.940으로 높게 나타났고, 변수들 간 상관이 '0'인지를 확인하는 Bartlett의 구형성 검정 통계량이 7308.350(df= 253, p-value=.000)로 나타나 유의 수준 p=0.01에서 유의하므로, 요인분석하기에 적절한 것으로 해석할 수 있다.

본 연구의 주요변수로 사용될 잠재변수에 대한 설문문항의 타당성을 확인하기 위하여, 요인추출에 있어서 정보손실을 최소화하는 주성분분석방법과 요인해석을 보다 쉽게 할 수 있는 배리맥스 요인 회전방법을 이용하여 탐색적 요인분석을 실시하였다. 타당성은 척도 또는 측정표본의 집합이 측정하고자 하는 개념을 정확하게 표현하는 정도를 의미한다(Hair et al., 2006).

〈표 3〉은 측정모형에 대한 탐색적 요인분석(EFA)의 결과이다. 먼저, 요인적재량이 현저히 낮은 6개의 변수를 제거하였으며, 0.5 이상이면 주요 변수로 평가되는 총 23개의 변수를 채택하였다. 고유값(eigenvalue)이 1이상인 요인은 모두 4개로 추출되었으며, 이들의 누적분산은 67.852%, 각 요인의 적재 값은 .525~.845로 나타나, 본 표본에 대한 탐색적 요인분석결과 타당성 수용요건을 충족하였다. 추출된 4개의 잠재변수에 대한 신뢰도를 분석한 결과 Cronbach's alpha 계수가 모두 0.7이상으로 나타나 본 연구를 위한 내적일관성을 확보하였다(Nunnally, 1978). 본 측정모형의 척도는 연속형 자료이고, 추출된 4개 요인의 변수명은 꿈, 흥, 플랫폼기반경영, 기업건강성으로 명명 되었다.

▌표 3▐ 요인분석 결과(1)

측정 항목	요 인(Factor)				고유값 (Eigen Value)	분 산 적재량	누적 적재량	신뢰도 (Cronbach'α)
	꿈 (DR)	흥 (EX)	플랫폼 기반경영 (PB)	기업 건강성 (CH)				
DR6	.703				4.199	18.258	18.258	.738
DR2	.694							
DR7	.676							
DR5	.658							
DR8	.656							
DR9	.638							
DR3	.611							
EX3		.845			2.008	8.729	26.987	.859
EX2		.830						
EX4		.525						
PB6			.810		6.066	26.373	53.36	.740
PB5			.783					
PB8			.772					
PB4			.770					
PB3			.768					
PB10			.700					
PB2			.659					
PB1			.617					
PE3				.726	3.333	14.492	67.852	.710
PE2				.713				
PE4				.599				
PE5				.591				
PE6				.578				

-. KMO(기준: 0.5 이상) = 0.940, Bartlet(χ^2 = 7308.350, df = 253, p-value = 0.000)

-. 요인추출 : 주성분 분석을 사용함

3.5 상관관계 분석

변수들 간의 상관관계 결과를 〈표 4〉에 제시하였으며, 모두 통계적으로 유의미하게 나타나(P-value 〈.01), 본 연구의 가정을 전반적으로 지지하는 것으로 볼 수 있다. 먼저 원인변수인 DR과 EX가 PB와 유의한 양의(+) 상관관계를 나타내고 있으며, 동시에 결과변수인 SPE와 유의한 양의(+) 상관관계를 지니고 있다. 따라서 위 변수들이 모두 상관관계의 유의성을 확보함으로써 회귀분석을 실시할 수 있는 조건을 충족 하였다.

❙ 표 4 ❙ 변수의 상관관계 분석 결과(1)

	평균	표준편차	DR	EX	CH	PB
DR	4.1214	1.31524	1			
EX	4.6620	1.11131	.447**	1		
CH	3.8221	1.18904	.722**	.379**	1	
PB	3.4965	1.17326	.706**	.317**	.739**	1

주: **, P =.01 수준에서 유의함 (양측)

3.6 다중공선성과 동일방법 편의 분석

본 연구의 독립변수들 간 다중공선성(multi-collinearity) 존재여부를 분석한 결과 DR과 EX의 VIF 값이 모두 1.249%, 공차가 0.80으로 나타나, 다중 공선성 문제가 없는 것으로 확인되었다(VIF 값=10% 이하, 공차 0.1 이상). 다음으로 동일방법편의로 인한 영향력 발생문제는 사전적으로 완벽하게 해결할 수 없기 때문에, 본 연구에서는 통계적 확인방법(Podsakoff & Organ, 1986)을 통하여, 분석에 사용된 23개의 측정변수들을 대상으로 회전시키지 않는 요인분석을 실시한 결과, 고유값이 1이상인 4개의 요인으로 추출되었으며, 가장 설명력이 큰 요인의 분산(26.373%)이 누적분산(67.852%)의 38.9%로, 전체 대부분을 차지하지 않았으므로 동일방법편의에 의한 오류는 없는 것으로 분석되었다.

제4절 실증분석 결과

본 연구의 가설검증을 위해 단순회귀분석과 3단계 회귀분석을 실시하였고, Sobel Test로 사후검정을 추가로 실시하여 매개효과의 유의성을 확인하였다. 매개효과 검증을 위한 3단계 진행절차는 1단계 독립변인과 매개변인, 2단계 독립변인과 종속변인의 회귀계수가 각 각 통계적으로 유의해야 하며, 3단계에서는 독립변인과 매개변인을 함께 회귀분석 했을 때, 2단계 회귀계수 값이 3단계 회귀계수 값보다 크고, 통계적으로 유의하면 부분매개역할을 수행하며, 3단계 회귀계수가 '0'에 근접하여 통계적으로 유의하지 않다면 완전매개의 역할을 수행하고 있음을 의미한다. 본 매개효과 검증은 독립변수가 2개이므로 각 각 3단계로 실시하였다. 〈표 5〉는 가설 검증결과를 나타내고 있다.

4.1 회귀분석을 통한 가설 검증

표 5 가설 검정결과

가 설	β값 (비표준화 계수)	SE	β값 (표준화 계수)	t 값	R^2 (*adj* R^2)	F 값	채택 여부
가설 1-1	.630	.031	.706***	20.515	.498 (.497)	420.871***	채택
가설 1-2	.653	.030	.722***	21.488	.521 (.520)	461.750***	채택
가설 1-3 (매개효과)	.361(DR) .463(PB)	.038(DR) .043(PB)	.400*** (.722***)	9.522(DR) 10.881(PB)	.626 (.624)	353.996***	채택
가설 2-1	.335	.049	.317***	6.888	.101 (.099)	47.441***	채택
가설 2-2	.406	.048	.379***	8.443	.144 (.142)	71.276***	채택

가 설	β값 (비표준화 계수)	SE	β값 (표준화 계수)	t 값	R^2 ($adj\ R^2$)	F 값	채택 여부
가설 2-3 (매개효과)	.172(EX) .697(SPB)	.036(EX) .034(PB)	.161*** (.379***)	4.791(EX) 20.435(PB)	.569 (.567)	279.451***	채택
가설 2-4	.749	.033	.739***	22.574	.546 (.545)	509.568***	채택

*P〈.05, **p〈 .01, ***P〈.001

가설 1-1 (1단계): 꿈(DR)의 플랫폼기반 경영(PB)에 대한 회귀모형은 F검증을 통해 유의한 것으로 확인되었다(F=420.871, P〈.001). 결정계수인 R^2(독립변수에 의해 설명되는 비율, 0과 1사이의 값을 가짐)은 49.8%(.498)의 설명력을 보이고 있으며, 표준화회귀계수β 값(독립변수 DR이 PB에 미치는 영향력, 0과 1사이의 값을 가짐)은 .706(P〈.001)로 나타나 유의미한 결과로 분석되었다. t 값은 경로계수(β)의 통계적 유의수준을 나타내며, 절대값이 ±1.96 이상인 경우 P〈.05수준에서 유의하다고 본다. 본 가설의 t값은 20.515로 나타나 β 값이 통계적으로 유의함을 설명하고 있다. 따라서 꿈은 플랫폼 기반 경영에 유의한 정(+)의 영향을 미칠 것이라는 가설은 채택되었다.

가설 1-2 (2단계): 꿈(DR)의 기업 건강성(CH)에 대한 회귀모형은 F값 검증을 통해 유의한 것으로 확인되었다(F=461.750, P〈.001). 결정계수인 R^2은 .521의 설명력을 보이고 있으며, 표준화회귀계수(β)는 .722(P〈.001)로 나타나 유의하게 분석되었다. 또한 t값이 21.488로 분석되어 β 값이 통계적으로 유의함을 나타내고 있다. 따라서 꿈이 기업 건강성에 유의한 정(+)의 영향을 미칠 것이라는 가설은 채택되었다.

가설 1-3 (3단계): 독립변수와 매개변수의 종속변수에 대한 영향관계를 동시에 회귀 분석한 결과, 회귀모형은 F값이 353.996(P〈.001)으로 나타나 유의미한 결과로 분석되었으며, 결정계수인 R^2은 .626로 설명력이 높게 나타났다. 표준화회귀계수는 2단계의 β 값이 .722, 3단계에서는 .400로 나타나, 2단계 β 값보다 더 낮은 값을 보이고 있어, PB가 매개역할을 하는 것으로 분석되었다. 또한, t값이 9.522를 보이고 있어, β 값이 통계적으로 유의미함을 나타내고 있다. 따라서 플랫폼 기반 경영은 꿈과 기업 건강성 간의 관계를 매개할 것이라는 가설은 채택되었다.

가설 2-1 (1단계): 흥(EX)의 플랫폼기반 경영(PB)에 대한 회귀모형은 F값 검증을 통해 유의한 것으로 확인되었다(F= 47.441, P〈 .001). 매개변수 PB의 결정계수인 R^2은 10.1%(.101)의 설명력을 보이고 있으며, EX가 PB에 영향력을 미치는 β 값은 .317(P〈 .001)로 유의미하게 분석되었다. 또한 t값이 6.888(P=.000)로 나타나, β 값이 통계적으로 지지되고 있다. 따라서 흥은 플랫폼 기반 경영에 유의한 정(+)의 영향을 미칠 것이라는 가설은 채택되었다.

가설 2-2 (2단계): 흥(EX)의 기업 건강성(CH)에 대한 회귀모형은 F값 검증을 통해 유의한 것으로 확인되었다(F=71.276, P〈.001). 결정계수인 R^2은 14.4%(.144)의 설명력을 보이고 있으며, 표준화회귀계수(β)는 .379 (P〈.001)로 나타나 통계적으로 유의한 결과로 분석되었다. t값은 8.443(P〈.000)으로 나타나 β 값이 통계적으로 지지되고 되고 있다. 따라서 흥이 기업 건강성에 유의한 정(+)의 영향을 미칠 것이라는 가설은 채택되었다.

가설 2-3 (3단계): 독립변수와 매개변수의 종속변수에 대한 영향관계를 동시에 회귀 분석한 결과 3단계 회귀모형에서는 F값이 279.451(P〈 .001)로 나타나 유의미하게 지지되고 있으며, R^2은 56.9%(.569)의 설명력을 보였다. 표준화회귀계수는 2단계의 β 값이 .379이고, 3단계에서는 .161로 나타나, PB가 매개역할을 하는 것으로 확인되었다. 또한, t값이 4.791로 나타나 β 값이 통계적으로 유의미하게 지지되고 있다. 따라서 플랫폼 기반경영은 흥과 기업 건강성 간의 매개역할이 통계적으로 지지되고 있으므로 가설 2-3은 채택되었다.

가설 2-4: 플랫폼기반 경영(PB)의 기업 건강성(CH)에 대한 회귀모형은 F값 검증을 통해 유의한 것으로 확인되었다(F=509.568, P〈.001). 결정계수인 R^2은 .546의 설명력을 보이고 있으며, 표준화회귀계수(β)는 .739(P〈 .001)로 나타나 유의하게 지지되었다. 또한 t값이 22.574로 분석되어 β 값이 통계적으로 유의함을 나타내고 있다. 따라서 플랫폼기반 경영이 기업 건강성에 유의한 정(+)의 영향을 미칠 것이라는 가설은 채택되었다.

본 가설의 매개효과 유의성 검증을 위해 사후적으로, Baron & Kenny(1986)가 제안한 검증절차를 통해 **Sobel Test**를 실시하였다. 이 검증은 독립변수가 매개변수를 통해 종속변수에 영향을 미치는 간접 효과의 크기가 통계적으로 유의미 한지를 직접 검증하는 방법이다. **Sobel Test**는 독립변수와 매개변수간의 비표준화 회귀계수와 표준오차, 매개변수와 종속변수 간의 비표준화회귀계수와 표준오차를 투입하여 검증하는 방식이며, 검증결과 Z-값이 절대 값으로 ±1.96(P<.05)보다 크면 매개효과가 통계적으로 유의미하다고 판정한다.

첫째, DR과 CH 간의 매개효과 유의성 검증을 위해 DR과 PB 간에 비표준화 회귀계수(***B***=.630)와 표준오차(***SE***=.031)를 투입하고, PB와 CH 간의 비표준화 회귀계수(***B***=.749)와 표준오차(SE=.033)를 투입하여 Sobel Test를 실행하였다. 그 결과 Z-값(Sobel test statistic)이 15.140, P=.000로 나타나, 변인 PB의 매개효과가 통계적으로 지지되었다. 이는 기업의 꿈이 플랫폼이라는 경영환경 속에서 기업건강성에 긍정적으로 영향을 미친다는 것을 의미한다. 따라서 가설 1-3은 채택되었다.

둘째, EX과 CH 간의 매개효과 유의성 검증을 위해 EX와 PB 간에 비표준화 회귀계수(***B=.335***)와 표준오차(***SE=.049***)를 투입하고, PB와 CH 간에 비표준화 회귀계수(***B=.749***)와 표준오차(***SE=.033***)를 투입하여 Sobel Test를 실행하였다. 그 결과 Z-값이 6.546, P=.000로 나타나, 변인 PB의 매개효과가 통계적으로 지지된 것으로 나타났다. 이는 기업의 흥이 플랫폼이라는 경영환경 속에서 기업건강성에 긍정적으로 영향을 미친다는 것을 의미한다. 따라서 가설 2-3은 채택되었다.

제5절 소결론

본 연구는 k-경영의 요소인 꿈과 흥이 플랫폼을 기반으로 하는 경영과정을 통하여 기업건강성에 유의한 영향을 미칠 것인가에 대해 검증하고자하였다. 이를 위하여 국내 기업체 소속 종업원들을 대상으로 실시한 설문조사와 관련 2차 자료를 바탕으로 실증분석을 수행하였다. 그 결과 꿈과 흥은 플랫폼 기반으로 하는 비즈니스 활동에 원인변수로 작용하여 경영성과를 창출하는데 유의한 영향을 미친다는 것이 통계적으로 지지되고 있음을 확인하였다. 따라서 본 연구를 통해 나타난 학문적 의의는 몇 가지 측면에서 강조될 수 있다.

첫째, 꿈은 기업이 미래의 현실에서 실현하고자 하는 바람직한 상태(desirable state)로, 변화를 찾고 도전하며, 기회를 추구하여 기업의 방향성과 성장을 위한 원동력으로 작용함으로써 기업경영활동의 출발점이 된다(Drucker, 1964). 이러한 관점에서 꿈의 존재는 기업마다 그 경영형태에 있어서 차이가 있을 지라도 경영의 선행적 개념이라 할 수 있다. 이와 같이 본 연구의 플랫폼 기반 경영은 기업이 실현하려는 꿈에 바탕을 두고 수행되는 경영수단의 하나로써, 이 두 요소가 밀접한 상관관계가 있을 것이라는 가설이었다. 가설 1-1에서 꿈은 플랫폼 기반 경영에 유의한 정(+)의 영향을 미칠 것이라는 통계적으로 유의하게 분석되어, 플랫폼 기반 비즈니스가 기업의 꿈을 실현하는 하나의 경영환경임을 확인시켜주고 있다. 다양한 목적을 가진 기업들이 생태계 내에서 생태계 특성에 맞는 공통성과 다양성이라는 조화를 동시에 모색하면서 공유의 꿈과 그들 고유의 꿈을 바탕으로 협력과 개방을 통하여 상호보완적으로 경영활동을 이루어 가는 것이 플랫폼 경영이다. 따라서 생태계 관점의 꿈은 단기적 성과보다는 플랫폼의 핵심가치인 생태계적 사고에의 기초를 강화함으로써 중장기적으로 플랫폼의 내적. 외적 효용성에 영향을 미친다는 관점을 제시할 수 있다.

둘째, 흥은 인간의 내면세계에서 긍정적이고 즐거운 기분이 자발적으로 일어나게 하는 양(陽)의 정서이다(김혜진 외, 2015). 본 연구에서의 흥은 기업 생태계에서 정서적 영향요인으로 작용하여 자칫 빠르게 식어갈 수 있는 꿈과 열정을 지속시킬 뿐 아니라 타인에게 전이되고 발전되어, 구성원들의 자발적인 참여를 불러일으키면서 플랫폼 경영환경의 내외적 효용성에 유의한 영향 미칠 것이라고 가정하였다. 가설 2-1은 흥이 플랫폼 경영환경에 유의한 정(+)의 영향을 미치는 것이 통계적으로 지지되고 있음을 보여주었다. 따라서 흥은 그 속성인 발산선과 몰입성, 그리고 난 장성을 바탕으로 플랫폼이라는 생태계적 경영환경에 하나의 원인변수로 작용함으로써 생태계의 진화와 지속적 경영성과에 영향을 미친다는 관계성을 밝혔다는 측면에서 학문적 의의를 찾을 수 있겠다.

셋째, 본 연구의 원인변수인 꿈과 흥은 그 관계성이 동전의 앞뒤와 같은 특성으로 인해서 매개변수나 종속변수에 미치는 영향요인을 동시에 고려할 필요가 있다. 꿈은 일을 해야 하는 이유를 주고, 흥은 일에 몰입하게 하는 힘이 되기 때문이다(Kim et al., 2016). 흥이 없는 꿈은 구성원들의 자발적 참여 에너지를 하나로 모아 역동적인 실행력을 발휘하는 것이 어렵고, 꿈이 없는 흥은 방향성을 상실하여 구성원들의 에너지를 분산시키는 원인이 되기 때문이다. 따라서 이론적인 측면 뿐 아니라 기업경영 현실에서 지속적이고 효율적인 경영성과를 이루어 나아가기 위해서는 꿈과 흥의 요소를 함께 고려할 필요가 있다는 관점을 제시한다.

넷째, 본 연구에서 플랫폼은 추상적 개념으로서, 꿈과 흥이 다양한 영향 요인들과 함께 공존하면서 플랫폼 생태계의 질적 향상과 보완자들의 효용성에 영향을 미칠 수 있도록 마련된 기업 생태계 필드(business ecological field)로 보았다. 플랫폼 경영은 전통적인 기업경영과 달리 공통적인 기반요소위에 다자참여(多者參與) 및 관계중심사고를 필요로 하는 다양성을 띤 경영형태라고 할 수 있으므로 그 자체로 매개적, 수단적 성격을 지니고 있으며, 기술변화의 속도가 빨라지고 산업별 융복합화가 빨라짐에 따라 기업생태계가 중심이 되어 경쟁시대가 열리게 된 것은 진화적 경영이 낳은 시대적 산물이다. 이러한 관점에서 플랫폼 기반 경영은 기업생태계의 경쟁력을 결정짓는 핵심경영 요소로 제시될 필요가 있다.

다섯째, 기업 건강성은 기업생태계의 건강성을 담보하는 3요소를 중심으로 분석하였으며, 건강성은 Iansiti and Levien(2004) 등에 의하여 제시된 개념이다. 기업이 연구개발을 통하여 신제품 및 기술력 향상을 추구하는 창조성, 신제품과 기술력을 바탕으로 새로운 틈새시장을 개척하는 시장성, 매출액 향상과 매출액 이익률, 총자산 이익률(ROA)을 나타내는 생산성이 그것이다. 건강성 3요소가 고루 조건을 갖추고 시간을 전후하여 선순환을 이루어 갈 때, 기업의 건강성과 생태계의 진화가 담보될 것이다.

IV K-경영의 관점에서 본 기업 인적자원의 유형화와 전략적 활용

제1절 연구목적

본 연구에서는 K-경영을 구성하는 두 요소인 꿈과 흥을 바탕으로 어떻게 조직 구성원들을 특성별로 구분할 수 있는지와 각 그룹마다 조직 구성원들의 특성이 어떤 형태로 어떻게 나타나고 있는지 분석한다. 이를 통해 조직을 운영하는 경영자들에게 전략적 조직 운영 방안을 제시하고, 그 인적 자원들이 특성별로 조직에서 실제적으로 경영성과로 발현되는지에 대해 그 메커니즘(mechanism)을 조직 구성원의 유형화를 통해 살펴본다. 이와 같은 연구 목적을 달성하기 위해 국내 기업체 소속 종업원들을 대상으로 꿈과 흥에 대한 설문조사를 통하여 자료를 수집하고, 그 측정 변수들의 타당성과 신뢰성이 통계적으로 유의한지 요인분석과 신뢰도 분석을 통해 알아본다. 다음으로 요인 분석을 통해 추출된 변인 꿈과 흥을 바탕으로 군집분석(clustering analysis)을 실시하여 조직 구성원들을 특성별로 유형화하고, 이를 유형화 하는 전략적 방안과 각 그룹별 인구 통계학적 특성을 함께 제시하여 기업 건강성에 어떤 영향을 미치는지에 대해 검정함으로써 연구의 의의를 찾고자 한다.

제2절 연구 방법 및 자료 분석

2.1 측정항목 및 도구

본 연구에 사용 할 변수들을 측정하기 위해 국내 기업을 대상으로 설문을 실시했다. 본 설문은 국내 주식회사 소속직원들을 대상으로 2016년 1월7일부터 2월 22일까지 설문조사를 실시하여 501개를 회수하였으며, 지역별로 수도권 203개, 경상도와 전라도 각각 99개, 78개, 충청도와 강원도 각각 82개, 39개를 회수하였다. 응답자 중 결측치를 제외하고 유효한 426개를 통계 분석 대상으로 하였으며, 회수율은 70.7%이고, 유효율은 85.0% 이다. 본 연구의 설문문항은 문헌검토를 통해 개발되었으며, 구체적인 내용은 〈표 6〉과 같다. 잠재요인인 꿈, 흥, 기업건강성에 대한 측정문항들은 총 19개 항목이고, 7점 리커트 척도(Likert scale)로 측정되었으며, SPSS version 23을 사용하였다.

▌표 6▐ 변수와 측정항목

<table>
<tr><th colspan="2">변 수</th><th colspan="2">측 정 항 목</th><th>관련 문헌</th></tr>
<tr><td rowspan="10">K-경영</td><td rowspan="7">꿈(DR)</td><td>DR6</td><td>꿈의 도전성</td><td rowspan="7">Joachim(2010),
Drucker(1964, 1993, 1997)</td></tr>
<tr><td>DR2</td><td>꿈의 구체성</td></tr>
<tr><td>DR7</td><td>꿈의 변화성</td></tr>
<tr><td>DR5</td><td>꿈의 공유1</td></tr>
<tr><td>DR8</td><td>꿈의 기회성</td></tr>
<tr><td>DR9</td><td>꿈의 공유2</td></tr>
<tr><td>DR3</td><td>꿈의 크기</td></tr>
<tr><td rowspan="3">흥(EX)</td><td>EX3</td><td>흥의 몰입성</td><td rowspan="3">Grafton(2007), Kim(1982),
Csikszentmihalyi(1990),
Dolan et al.(2000),
Smith & Paquette(2010)</td></tr>
<tr><td>EX4</td><td>흥의 발산성</td></tr>
<tr><td>EX3</td><td>흥의 난장성</td></tr>
<tr><td colspan="2" rowspan="5">기업건강성
(CH)</td><td>PE3</td><td>창조성1</td><td rowspan="5">Iansiti & Levien(2004),
김기찬 외(2012)</td></tr>
<tr><td>PE2</td><td>창조성2</td></tr>
<tr><td>PE4</td><td>시장성</td></tr>
<tr><td>PE5</td><td>생산성1</td></tr>
<tr><td>PE6</td><td>생산성2</td></tr>
</table>

2.2 측정변수의 타당도 및 신뢰도 분석

요인분석에 앞서 표본의 적절성을 알아보고자 KMO(Kaiser-Meyer- Olkin)와 Bartlett 검정을 동시에 실행하였다. KMO 값은'1'에 가까울수록(기준 0.5 이상) 요인분석을 하기에 적절하며, Bartlett의 검정은 변수들 간의 상관이'0'인지를 검증하며, 유의수준이 낮을수록(P<.05) 요인분석을 하는데 적합함을 의미한다. 검정결과 KMO 값이 0.894로 높게 나타났고, Bartlett의 검정 통계량이 4254.098(df=105, p=.000)로 나타나 유의 수준 p=0.01에서 유의하므로, 변수들의 선정이 요인분석하기에 적합한 것으로 해석할 수 있다.

다음으로 본 연구에 사용될 잠재변수에 대한 설문문항의 타당성(validity) 확인을 위하여, 정보손실을 최소화하고 변수들의 분산을 가능한 많이 설명할 수 있는 주성분분석(principal component analysis) 방법과 추출된 요인들과 투입변수들 간의 관련성을 보다 명확하고 쉽게 파악할 수 있는 배리맥스 요인회전(varimax factor rotation)방법을 채택하여 탐색적 요인분석을 실시하였다. 타당성은 선정된 척도 또는 측정표본이 측정하고자 하는 개념을 정확하게 표현하고 있는가를 나타내는 정도를 의미 한다(Hair et al., 2006).

〈표 7〉은 측정항목에 대한 탐색적 요인분석(EFA) 결과이다. 먼저, 요인적재량(factor loading)이 현저히 낮은 4개의 변수를 제거하였으며, 공통성(communality)이 0.4이상인 변수를 분석대상으로 채택하였다. 공통성이란 추출된 요인에 의해 변수들의 분산이 얼마나 잘 설명되는 가를 나타내는 값이다(정선호 외, 2014). 요인분석을 실행한 결과 고유값(eigen value)이 1이상인 요인이 모두 3개로 추출되었고, 이들의 누적분산은 66.006%, 각 요인의 적재 값은 .465~.869로 추출되었다. 따라서 탐색적 요인 분석결과 본 표본에 대한 타당성은 확보되었다. 또한 추출된 3개의 요인에 대한 신뢰도를 분석한 결과 Cronbach'α 계수가 모두 0.6이상으로 나타나 내적일관성을 확보하였다(nunnally, 1978). 본 측정모형의 척도는 연속형 자료이고, 추출된 3개 요인의 변수명은 꿈(DR)과 흥

(EX) 그리고 기업건강성(CH)으로 명명 되었다.

| 표 7 | 요인분석(EFA) 결과(2)

측정 항목	요 인(Factor)			고유값 (Eigen Value)	요인 적재량 (%)	누적 적재량 (%)	신뢰도 (Cronbach'α)
	꿈 (DR)	흥 (EX)	기업 건강성 (CH)				
DR6	.787			4.536	30.25	30.25	.905
DR7	.780						
DR8	.760						
DR5	.739						
DR9	.737						
DR2	.710						
DR3	.565						
EX3		.869		1.895	12.634	42.875	.627
EX2		.844					
EX4		.465					
PE3			.779	3.470	23.130	66.006	.892
PE2			.753				
PE4			.727				
PE5			.704				
PE6			.700				

-. KMO(기준: 0.5 이상) = 0.894, Bartlet(χ^2=4254.098, df = 105, p-value = 0.000)
-. 요인추출 : 주성분 분석을 사용함

2.3 상관관계 분석

각 변수들 간의 상관분석은 가장 보편적으로 사용되는 Pearson 상관분석에 의해 나타난 결과를 〈표 8〉에 제시하였으며, 변수들 간의 상관계수가 모두 통계적으로 유의미하게 분석되었다(p-value 〈.01). 먼저 독립변수 간의 관계인 DR과 EX가 유의한 양(+)의 상관관계를 나타내고 있으며(R=.426), 독립변수 DR과 종속변수 PE 간(R=.714), EX와 PE 간(R=.362)의 관계가 모두 유의한 양(+)의 상관관계를 지니고 있다.

❙ 표 8 ❙ 변수의 상관관계 분석 결과(2)

	Mean	Std. Deviation	DR	EX	CH
Factor 1: DR	4.2406	1.26882	1		
Factor 2: EX	4.7105	1.09552	.426**	1	
Factor 3: CH	3.8484	1.18055	.714**	.362**	1

주: **, P =.01 수준에서 유의함 (양측)

독립변수들 간 다중공선성(multi-collinearity) 문제를 확인한 결과 0.8이상이 나타나지 않았고, DR과 EX의 VIF 값이 모두 1.222%, 공차가 0.818로 분석되어, 다중 공선성 문제가 없는 것으로 확인되었다(VIF 값=10% 이하, 공차 0.1 이상). 동일방법편의(common method bias)의 발생문제는 통계적 확인방법(Podsakoff & Organ, 1986)을 통하여, 분석에 사용된 15개의 측정변수들을 대상으로 회전시키지 않는 요인 분석을 실시한 결과, 3개의 요인 중, 설명력이 가장 큰 첫 번째 요인의 분산(30.24%)이 전체분산의 대부분을 차지하지 않았으므로 동일방법편의로 인한 오류는 없는 것으로 볼 수 있다.

제3절 실증분석

3.1 군집분석(cluster analysis)

(1) 군집분석의 개요

군집분석은 다수의 개체들을 유사한 특성을 가진 대상들끼리 분류하는 다변량 통계기법이며, 각 그룹을 군집(cluster)이라 부른다. 군집분석의 추출방식에는 계층적 군집화(hierarchical clustering)와 비계층적 군집화(non-hierarchical clustering) 방식이 있다. 계층적 군집화는 각 개체가 처음에는 독립군집으로 출발하여 거리가 가장 가까운 어느 두 개체끼리 군집을 이루기 시작하여 계속적으로 가까운 군집들끼리 군집화가 이루어지는 방법이며, 이 과정에서 군집의 수가 계속적으로 감소한다. 계층적 군집화에는 군집을 구성하는 방식에 따라 단일결합법(single linkage), 완전결합법(complete linkage), 평균결합법(average linkage), Ward 결합법 등이 있다(이학식 외, 2013; 박연복 외, 2011).

비계층적 군집화(nun-hierarchical clustering)는 군집의 수가 한 개씩 감소하는 것이 아니라 사전에 정해진 군집의 숫자에 따라 개체들이 각 군집에 할당되는 것이다. 비계층적 군집화에는 가장 대표적으로 이용되는 K-평균법(K-means)이 있으며, 여기에서 K는 군집의 수를 의미한다. K-평균의 군집화 방법은 사전에 정해진 K개의 군집 씨앗(cluster seed)을 중심으로 K개의 군집이 도출될 때까지 개체들이 가장 가까운 군집으로 할당되어 군집화가 이루어진다. 어느 개체가 처음의 군집씨앗에 할당되더라도, 계층적 군집화와는 달리, 새로운 군집씨앗에 더 가까우면 새로운 군집에 할당되며, 군집화가 진행됨에 따라 군집화의 중심점이 달라진다. 비계층적 군집화는 각 개체가 어느 군집에 속하는지 중간 과정은 나타나지 않고 최종결과만 나타난다(이학식 외, 2013; 박연복 외, 2011). 본 연구에서는 Ward 방식의 계층적 방식을 통해 군집의 개수를 4개로 결정하고, 이것을 바탕으로 비계층적 군집화 방식인 K-평균법을 통해 군집으로 데이터를 분류해 그 특성을 분석했다. Ward 방식은 최단거리를 기준으로 군집화가 진행되는 것은 다른 방식과 동일하나, 계산하는 방식에 있어서, 두 군집에 속한 각 대상을 평균한 값으로부터 떨어진 정도, 즉 편차의 제곱을 합한 값을 기준으로 가장 가까운 값끼리 군집화가 이루어지는 방식이다.

(2) K-means 군집분석

인적자원의 유형화를 위해 비계층적 군집분석 방식인 K-평균법을 실시하여 〈표 9〉와 같은 결과를 얻었다. 총 426명의 대상들은 제1군집에 109명, 제2군집에 117명, 제3군집에 56명, 제4군집에 144명으로 각각 분류되었으며, 제4군집이

다른 군집에 비해 대상들이 비교적 많은 수가 분류되었다. P-Value는 F값과 P값(P<.001의 수준)이 모두 유의하게 나타나, 4개의 군집으로 분류된 것이 적절하다는 것을 통계적으로 뒷받침하고 있다.

| 표 9 | K-means 군집분석 결과

변수	군집(Clustering) N=426				F값 / P-value
	군집 1 (N=109)	군집 2 (N=117)	군집 3 (N=56)	군집 4 (N=144)	
유형분류	사무 지향형 (office work -oriented type)	성과 지향형 (performance -oriented type)	생산 지향형 (production -oriented type)	리더십지향형 (leadership -oriented type)	
factor 1: 꿈(DR)	-.522	.196	-1.607	.861	288.121***
factor 2: 흥(EX)	-1.115	.827	.898	-.178	233.518***
특성	요인2의 영향력이 음의 값으로 높게 나타나, 음의 영향 요인인 요인1과 결합하여 위험부담이 크거나 진취적인 일보다는 안정적인 사무 지향적 특성이 높은 집단	요인2의 영향력이 양의 값으로 높게 나타났으며, 요인1과 결합하여 시장개척과 판매/영업을 통한 높은 실적을 추구하는 성과 지향적 특성이 높은 집단	요인1은 음의 영향력이 높게 나타났고, 요인2는 양의 영향력이 높게 나타나, 미래에 대한 변화와 새로운 도전 보다는 주어진 일에서 생산성, 효율성을 지향하는 특성을 지닌 집단	요인1의 영향력이 양의 값으로 높게 나타나, 진취적이고 미래지향적 변화를 추구하며, 위험감수형인 리더십과 기업가적 특성을 지닌 집단	

Note: *P<.05, **P<.01, ***P<.001

군집별 특성을 살펴보면, 군집 1은 흥의 영향력이 음의 값으로 높게 나타났으며, 꿈의 값도 비교적 높은 음의 값을 보이고 있어, 경영성과 지향성이 상대적으로 낮은 특성을 지니고 있다. 따라서 미래지향적인 일보다는 일상적인 사무업무를 수행하는 일반사무 지향형으로 분류되는 것이 타당하다. 군집 2는 흥의 영향력이 양의 값으로 높게 나타났으며, 꿈의 값은 보통의 양의 값을 보이고 있어서 성과 지향적 경향이 높은 특성을 지니고 있다. 따라서 보편적인 꿈의 특성과 결합하여 영업/판매를 통한 성과 지향형 집단으로 분류되었다. 군집 3은 다른 군집과는 달리 2개 요인의 영향력이 높게 나타났다. Factor 1은 음의 값으로 영향력이 가장 높게 나타나, 위험을 감수하고 진취적 성향을 갖는 미래지향성이 낮은 일에 적합하다는 의미로 해석되며, 반면에 Factor 2는 양의 값으로 높게 나타나 업무 효율성을 높이는 일에 적합한 특성을 지니고 있다. 따라서 군집 3은 주어진 일에 열정을 다하여 일하는 생산지향형 집단으로 분류되는 것이 타당하다. 군집 4는 Factor 1의 영향력이 양의 값으로 높게 나타나, 위험을 감수하고 미래지향적 성향을 갖는 리더십과 기업가 정신의 특성을 지니고 있는 것으로 분석된다. 기업가 정신은 환경변화에 능동적으로 적응하는 변화를 추구하며, 도전하고, 부단히 혁신적인 기회를 추구한다. 이러한 이유로 군집 4는 리더십 지향형집단으로 분류되었다.

(3) 군집별 특성의 조작적 정의

인적자원의 유형화를 통해 나타난 군집별 특성에 대하여 〈표 10〉에서 보는 바와 같이 유형별로 조작적 정의를 내렸다.

| 표 10 | 군집별 특성의 조작적 정의

유형별 분류	조작적 정의	비 고
사무 지향형 (office work -oriented type)	조직에서 창의적이고 위험부담이 크거나 진취적인 일보다는 현상 유지적이며, 일상적이고 안정적 사무수행 역할을 선호하는 수동적 경향을 지닌 유형을 말한다.	박귀영(2012)
성과 지향형 (performance -oriented type)	조직원의 고객지향성과 관련성이 있으며, 판매/영업을 통하여 높은 실적을 추구하는 성과 지향적 경향을 지닌 유형을 말한다.	유필화 외 (1996)
생산 지향형 (production -oriented type)	조직원의 업무성향이 새로운 일에 대한 개척성과 변화성, 그리고 도전성이 낮은 반면, 운영효율성을 추구하는 능률 지향적 경향을 지닌 유형을 말한다.	손동희(2009) 박수동 외 (2003)
리더십 지향형 (leadership -oriented type)	사고와 행동유형이 새로운 일을 추구하는 혁신적이고 진취적이며 위험감수적 경향이 강한 리더십과 기업가적 특성을 지닌 유형을 말한다.	한봉주(2008) 류은영(2014)

(4) 군집별 인구 통계학적 특성

군집분류에 따른 인구 통계적 특성을 분석하기 위하여 군집과 인구 통계적 특성에 대한 카이검증(Pearson χ^2)을 실시하였으며, 분석결과는 〈표 11〉에서 나타난 바와 같다. 먼저 성별에서는 군집2와 4에서는 남성의 비율이 여성보다 높고, 군집1과 3에서는 여성의 비율이 남성보다 높게 나타났다. 연령대는 30대가 군집 1,3,4에 걸쳐서 타 연령대에 비해 높게 나타났고, 군집2는 30, 40대가 동일 수준으로 높게 나타났다. 결혼 유무에 대해서는 전체 대상자 426명 중, 기혼자 수가 296명으로 약 70%를 차지하고 있으며, 타 군집에 비해 군집 4에서 기혼자 비율이 상대적으로 더 높게 나타났다. 직무에 대해서는 유효 설문응답수가 사무직이 가장 많은 303명으로 전체 응답수의 71.1%를 차지하고 있으며, 4개의 군집 모두 사무직의 비율이 그다지 쏠림현상 없이 높게 분포되어 있다. 대상자들이 소속되어 있는 기업의 매출에 있어서는 성장이 69.0%로 감소보다 훨씬 높은 결과를 보이고 있다. 군집별로는 군집 4의 성장률이 감소율 대비 300%로 타 군집에 비해 높은 성장률을 보이고 있으며, 군집 3의 성장률은 다른 군집에 비해 다소 떨어진 경향(감소의 1.24배)을 보이고 있다. 종업원 수 기준 회사규모는 군집별 모두 100명 미만이 56~69%의 비율로 과반이 소규모 기업에 소속되어 있다. 종업원들의 근속기간은 전체적으로 10년 미만 근무자가 72.5%로 나타났으며, 군집별로도 10년 미만 근무가 모두 65.3~80.4%로 큰 차이 없는 구성비를 나타내고 있다.

종업원들의 조직 내 역할을 보면, 군집 1과 군집 3은 업무수행자 비율이 각각 74.3%, 76.8%로 관리 및 지휘자에 비해 훨씬 높은 구성비를 차지하고 있으며, 군집 4는 관리 및 지휘자 비율이 53.5%의 구성비를 나타내고 있어, 4개의 군집 중 유일하게 관리자 비율이 높은 집단이다. 군집별 매출액 규모를 보면, 각 군집 모두 1000억 미만의 매출액 비중이 73.6~82.6%로 나타나 소규모 기업이 높은 구성비를 보이고 있다. 연관업종을 보면, 군집 3이 제조업종 군에서 타군집(35.9~46.5%)에 비해 구성비(62.5%)가 높게 나타났으며, 서비스 직군에서 군집3이 타 군집(28.2~29.1%)에 비해 구성비(12.5%)가 낮게 나타났다.

한편, 카이검증(Pearson χ^2)에서는 성별에 따른 군집별 분포가 유의확률 P<0.01 수준에서 통계적으로 유의한 차이가 있는 것으로 나타났고, 직무분야의 군집별 분포에서도 유의확률 P<0.05 수준에서 유의한 차이가 있는 것으로 나타났다. 회사의 성장. 감소를 나타내는 매출액 기준도 유의확률 P<0.05 수준에서 역시 군집별로 유의한 차이가 있는 것으로 분석되었으며, 조직 내 역할, 즉 관리 및 지휘자와 업무수행자의 군집별 분포에서는 유의확률 P<0.001 수준에서 유의한 차이가 있는 것으로 나타났다.

| 표 11 | 군집별 인구통계학적 특성

특성별 분류		전체	군집 1		군집 2		군집 3		군집 4		Pearson χ^2 / P
		빈도	빈도	%	빈도	%	빈도	%	빈도	%	
		426	109	25.6	117	27.5	56	13.1	144	33.8	
성 별	남	220	45	10.6	**71**	16.7	23	5.4	**81**	19.0	21.243^{**}
	여	206	**64**	15.0	46	10.8	**33**	7.7	63	14.8	
연 령	20대	54	21	4.9	13	3.1	5	1.2	15	3.5	19.967
	30대	185	**53**	12.4	**42**	9.9	**30**	7.0	**60**	14.1	
	40대	120	24	5.6	**42**	9.9	15	3.5	39	9.2	
	50대	53	7	1.6	16	3.8	5	1.2	25	5.9	
	60대	14	4	0.9	4	0.9	1	0.2	5	1.2	
결 혼 유 무	기혼	296	**69**	16.2	**86**	20.2	**34**	8.0	**107**	25.1	6.466
	미혼	130	40	9.4	31	7.3	22	5.2	37	8.7	
직 무	영업/판매	19	4	0.9	3	0.7	1	0.2	11	2.6	26.157^{*}
	서비스	22	6	1.4	8	1.9	2	0.5	6	1.4	
	기능/작업	42	13	3.1	9	2.1	10	2.3	10	2.3	
	사무직	303	**83**	19.5	**84**	19.7	**41**	9.6	**95**	22.3	
	경영/관리	40	3	0.7	**13**	3.1	2	0.5	**22**	5.2	
매출액 (5년)	성장	294	**70**	16.4	**85**	20.0	**31**	7.3	**108**	25.4	9.192^{*}
	감소	132	39	9.2	32	7.5	25	5.9	36	8.5	
회사 규모 (명)	20 미만	125	**33**	7.7	**34**	8	**15**	3.5	**43**	10.1	11.078
	20~100미만	135	**42**	9.9	**32**	7.5	**20**	4.7	**41**	9.6	
	100~300미만	75	16	3.8	25	5.9	10	2.3	24	5.6	
	300 이상	91	18	4.2	26	6.1	11	2.6	36	8.5	
근속 기간	10년 미만	309	**86**	20.2	**84**	19.7	**45**	10.6	**94**	22.1	9.228
	10~20년미만	96	21	4.9	26	6.1	9	2.1	40	9.4	
	20년 이상	21	2	0.5	7	1.6	2	0.5	10	2.3	
조직 내 역할	관리 및 지휘자	174	28	6.6	**56**	13.1	13	3.1	**77**	18.1	29.456^{***}
	업무 수행자	252	**81**	19.0	**61**	14.3	**43**	10.1	67	15.7	
매출액 규모	1백억 미만	190	**51**	12.0	**53**	12.4	**26**	6.1	**60**	14.1	8.522
	1백억~ 1천억 미만	139	**39**	9.2	**36**	8.5	**18**	4.2	**46**	10.8	
	1천억~ 3천억 미만	39	8	1.9	11	2.6	6	1.4	14	3.3	

특성별 분류		전체	군집 1		군집 2		군집 3		군집 4		Pearson χ^2 / P
		빈도	빈도	%	빈도	%	빈도	%	빈도	%	
		426	109	25.6	117	27.5	56	13.1	144	33.8	
	3천억~ 1조 미만	29	2	0.5	10	2.3	4	0.9	13	3.1	
	1조 이상	29	9	2.1	7	1.6	2	0.5	11	2.6	
연관 업종	제조	187	**43**	10.1	**42**	9.9	**35**	8.2	**67**	15.7	735.239
	유통	59	16	3.8	18	4.2	6	1.4	19	4.5	
	서비스	113	**31**	7.3	**33**	7.7	7	1.6	**42**	9.9	
	건설	44	12	2.8	14	3.3	5	1.2	13	3.1	
	기타	23	7	1.6	10	2.3	3	0.7	3	0.7	

Note: *P〈.05, **P〈.01, ***P〈.001

(5) ANOVA 분석

창조성, 시장성, 생산성 등으로 측정되는 K-경영의 성과가 각 군집별평균값의 차이에 의해 차별적으로 유의하게 나타나는지에 대해 분석 했다.

| 표 12 | ANOVA 분석에 따른 성과 차이 검정

	군집	평균값	표준 편차	Levene의 등분산	F값 /유의확률
성과(PE)	군집 1	-.086	.854	.017	.796/.497
	군집 2	.079	1.151		
	군집 3	-.104	1.028		
	군집 4	.042	.960		
전 체	전체	.000	1.000		

Note: *P〈.05, **P〈.01, ***P〈.001

〈표 12〉는 4개의 군집별 평균값의 차이가 기업건강성(CH)에 어떤 영향을 미치는지에 대해 일원배치분산분석(one-way ANOVA)을 실시하였다. 즉, 꿈(DR)과 흥(EX)을 통한 군집 분류에 따라 군집별 평균값의 차이가 기업건강성에 차별적으로 영향을 미치는지에 대해 검증하는 것으로, 사후검정(Scheffe: 분산이 동질

적인 경우)을 병행하여 실시하였다. 분석결과는 〈표 12〉와 같이 각 군집별 성과에 대하여 F값이 0.796, 유의확률 값이 P〈.497로 유의수준 P〈.05 준에서 영가설을 지지하여 통계적으로 유의하지 않게 나타났으며, 따라서 군집별 평균차이가 성과에 유의한 영향을 미치지 않은 것으로 분석되었다.

제4절 소결론

기존 K-경영에 관한 연구가 주로 정성적인 연구가 이루어지고 있었는데 반해, 본 연구는 K-경영의 특성인 꿈과 흥에 대해 실증적 관점에서 접근하여 새로운 연구의 방향을 제시했다는 측면에서 학문적 의의가 있다하겠다. 국내 기업체 소속 종업원들을 대상으로 K-경영의 주요 요소인 꿈과 흥에 대해 실시한 설문자료를 토대로 군집분석을 실시하여 K-경영의 관점에서 인적자원의 특성을 밝히고자 하였다. 이를 위해 비계층적 군집화 방식인 K-평균법을 이용하여 측정한 결과 최종적으로 4개의 군집으로 유형화 되었으며, 통계적으로 유의미하게 분석되었다. 분류된 군집별 특성은 사무지향형, 성과지향형, 생산지향형과 리더십지향형으로 명명되었으며, 그룹별로 인구 통계적 특성을 함께 제시하였다. 또한 군집별 평균차이가 결과변수인 기업성과에 유의한 영향을 미치는지를 확인하기 위해 일원배치분산분석을 실시하여 그 유의성을 밝혔다는 측면에서 연구 의의가 있다하겠다. 아래에 군집별 특성을 인구 통계적 분석 결과와 연계하여 설명하였으며, 군집별 평균차이에 대한 분산분석결과를 정리하고, 그 함의를 제시하였다.

첫째, 군집1의 특성은 사무지향형(office-work oriented type)으로, 위험부담이 크거나 진취적인 일, 또는 가시적인 성과를 내는 일보다는 일상적이고 안정적인 업무를 지향하는 특성이 높은 집단이다. 인구 통계적 특성으로는 여성이 남성보다, 기혼자가 미혼자보다 안전적이고 사무 지향적인 경향을 보이고 있으며, 관리자 및 지휘자 보다는 업무수행자가 많고, 성장하고 있는 기업에서 일상적인 업무를 잘 수행하는 특성을 나타내는 집단으로 분류되었다. 이는 기업 경영상의 여러분야별 업무 중에서 일상적인 업무를 수행함으로써 타 분야의 일들이 원활하게 수행될 수 있도록 사무적으로 지원하는데 의의가 있다.

둘째, 군집 2의 성과 지향형(performance-oriented type)은 시장개척과 판매/영업 등을 통하여 매출실적을 올리고자하는 성과 지향적 특성이 높은 집단으로, 남성이 여성보다 높은 비율을 차지하고 있으며, 업무 수행자와 관리 및 지휘자의 구성비가 5:5 정도로 군집 1에 비해 관리 및 지휘자의 비율이 상대적으로 높게 나타났다. 기업에서 매출액 향상에 직접적으로 기여하는 종업원들의 직무상의 특성으로써 적재적소의 인력배치와 교육프로그램의 설계 및 시행 그리고 성과 지향적 조직문화의 형성이 직무만족과 조직몰입에 긍정적 영향을 미칠 것이며, 따라서 조직 효율성이 제고될 수 있음을 시사하고 있다(이홍재 외, 2009; 최용범, 2009).

셋째, 군집 3의 생산 지향형(production-oriented type)은 조직원의 업무성향이 새로운 일에 대한 개척성과 변화성, 그리고 도전성이 낮은 반면, 주어진 일에서 능률성을 추구하는 특성을 지닌 유형을 말한다. 생산이나 작업현장에서 기술적 측면 등을 활용하여 생산능률을 올리며, 운영효율성을 높여 원가경쟁력을 유지 발전시키고, 더 싸게 더 좋은 품질의 제품을 효율적으로 생산하는 조직특성이며, 반복되고 일상적인 일에서 즐거움을 찾고 업무능률성을 지향하는 집단이다(김정수 외, 2003). 기업에서 이러한 업무특성으로 분류되는 조직원들을 생산관련 분야에서 능력을 발휘하도록 인력자원의 활용이 필요하며, 또한 직무관련 교육프로그램을 실시함으로써 직무만족도를 높이고 직무효율성을 제고할 수 있다.

넷째, 군집 4의 리더십 지향형(leadership -oriented trype)은 부단히 새로운 일을 찾아가는 진취적이고 도전적이며, 위험을 두려워하지 않고 감수하는 리더십과 기업가적 특성을 지닌 집단으로 분류되었으며, 인구 통계적으로 남성이 여성보다 많고, 경영 관리직이 전 군집응답자의 55%을 차지하였으며, 관리 및 지휘자 수가 53.5%로 타 군집에 비해 월등히 높은 구성비를 보이고 있다. 리더십

지향형으로 나타난 특성은 곧 기업가적 소양을 지닌 집단으로 볼 수 있으며, 이러한 특성에 따라 인적 자원을 활용하고 육성하는 시스템을 개발하고 운영함으로써 기업효율성 제고에 영향을 미칠 수 있다.

본 연구는 K-경영의 꿈과 흥을 중심으로 조직 인자원의 특성을 군집분석이라는 방법을 통하여, 어떤 유사성을 가진 대상들이 군집화가 이루어지는지, 군집별로는 어떤 특성을 나타내며, 또한 인구 통계적으로 어떤 특성을 기준으로 군집화가 이루어지는지와 군집 특성별로는 어떻게 경영성과에 영향을 미치는지 대해 알아본 결과, 유의미한 연구결과를 도출하였다. 이를 통해 조직을 운영하는 경영자들에게 인적자원의 전략적 조직 운영 방안에 대한 기초를 제시하였다는 점에서 학문적 의의가 있다고 하겠다.

V K-경영의 기업가 정신과 기업 건강성 분석

제1절 연구목적

본 연구는 실제 경영현실에서 K-경영을 성공적으로 실행한 사례를 발굴하여 그 경영메커니즘과 성공 노하우를 밝힘으로써 시사점을 제시하고자 하였다.

한국경제, 그 중에서도 중소기업의 생태계가 활력을 잃어가는 상황에서 분야별 규모별로 새로운 희망을 보여주는 혁신적인 사례들이 절실히 필요한 이때, 본 사례는 중소기업 생태계에서 꿈과 흥을 경영모델로 한 K-경영을 대표적으로 보여주는 사례로 판단되어 연구하게 되었다.

본 사례의 연구대상인 D사는 사업다각화의 필요성이 제기되어 신사업을 시작했으나 2000년대 들어 중국의 저가 정책과 노사분규, 부서이기주의 등 내외적 경영여건의 악화로 경영난에 봉착하여 엄청난 적자 상황에 놓이게 되었다. 이를 타개하기 위하여 종업원의 40%를 퇴직시키는 등 구조조정을 단행하기도 하였으나, 한때 폐업을 고려하기도 하였다. 이러한 상황에서 2세 경영자는 2010부터 실질적으로 사업을 승계하여 회사의 모든 경영자원을 하나로 모아 D사의 경영난을 건강한 선순환 기업으로 완전히 역전시켜 놓았다. D사는 2010년을 기점으로 매출액의 가파른 성장을 시작으로 2014년까지 무려 2배의 매출액 성장과 매년 30% 이상의 생산성 향상을 기록하였다.

본 연구는 단일사례로서 그 규모에 있어서는 중소기업에 지나지 않지만 2세 경영자 체제로 전환한 이후, 기업의 존폐가 달려있는 절망적인 상황에서 K-경영의 요체인 도전과 위기극복의 기업가 정신을 발휘하여 확실한 선순환 궤도의 성장국면으로 전환시켰다는 면에서 한국의 많은 중소기업인 들에게 시사하는 바가 클 것이다.

제2절 연구방법 및 연구모형

2.1 연구방법

본 연구는 단일사례연구로써 K-경영의 연구모형인 꿈과 흥을 중심으로 진행되었다. 이를 위해 먼저 기존 연구를 중심으로 국내외 문헌 및 통계자료를 분석하여 금형산업의 실태와 개념 및 그 특징을 살펴보았다. 단일사례로 선택된 D사는 K-경영의 모델에 적합한 사례로서 국내의 중소기업 중 대표적인 혁신기업의 하나로 분석되었으며, 지난 50여 년 동안 내외의 여러 도전들을 굳건히 이겨내고 현재에 이르고 있다. D사는 vision4321의 기치아래 전 조직원들과 함께 100년 장수의 지속가능 경영 실현을 위해 회사의 모든 경영자원을 하나로 모아 미래지향적 경영을 이루어가고 있으며, 기업의 건강성 조건이라고 일컫는 선순환 궤도에 진입하여 S곡선을 역동적으로 그려가고 있다.

본 연구는 사례의 객관성 담보를 위해 D사의 경영관련 자료를 가능한 다량 수집하여 분석하였으며, 필요시 이 메일과 유선통화, 직접 담당 중역을 면담하여 물리적 자료를 보완하였다. 그리고 D사 종업원들의 꿈과 흥에 대한 의식을 알아보기 위해 종업원들을 대상으로 설문조사를 실시하였으며, 이중 유효한 107명의 응답 자료를 분석하여 D사의 경영 통계 자료와의 상관성을 분석하였다.

2.2 연구모형(research model)

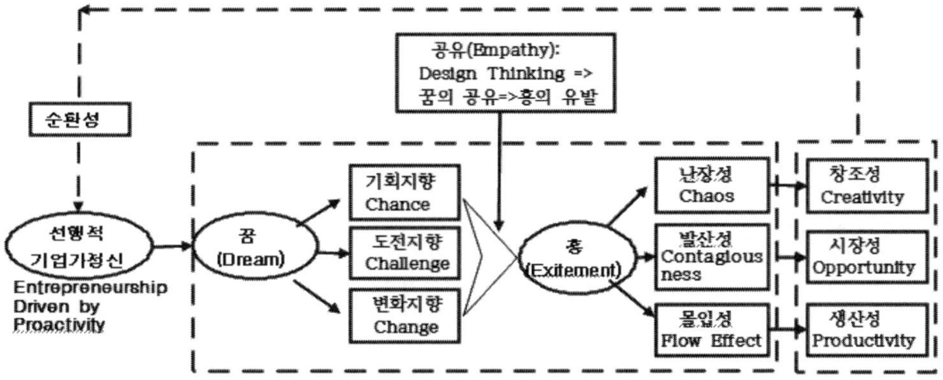

| 그림 3 | K-경영(꿈-흥) 연구모델

〈그림 3〉은 K-경영의 개념적 모델로서 기업의 건강성 분석을 위한 툴(tool)이다(Ki-Chan Kim 외, 2016). 본 연구는 단일사례로서 D사가 지금의 성장을 이루게 된 메커니즘(mechanism)을 〈그림 3〉에서 제시한 바와 같이 꿈과 흥이라는 두 가지 툴(Tool) 중심으로 분석하였다.

첫째, 선행적 기업가 정신(entrepreneurship driven by pro-activeness)은 기업가 정신의 구성요소인 혁신 추구성, 진취성, 민첩성, 위험감수성 중에서 진취성과 위험감수성을 우선하여 지향한다(오종석 외, 1999; 박동수 외, 2007). 진취성(pro-activeness)은 경쟁업체에 비해 공격적으로 경쟁을 하거나, 미래의 수요를 예측하고 선행적으로 행동하는 시장리더의 역할을 수행함으로써 시장기회를 선점하고자 하는 성향을 말한다(Covin and Slevin, 1991; Lumpkin and Dess, 1997). Brockhaus(1980)는 위험감수성에 대해 실패할 것이라는 결과를 인식하기 전에 성공하여 보상을 받을 것이라고 인식하는 정도라고 한 바와 같이, 위험감수성(risk-taking propensity)은 불확실한 상황에서도 과감히 도전하고자 하는 의지의 정도를 말하는 것으로, 위험을 무릅쓰고 모험을 즐기며 감행하는 성향을 의미한다.

D사의 선행적 기업가 정신은 장기비전인 비전4321에 함축적으로 나타나 있다. 비전4321의 4는 칭찬, 소통, 변화, 도전으로 비전에 대한 전 조직원의 공감(empathy)을 형성하고, 3은 세계최고의 사람, 기술, 품질을 지향하며, 이를 바탕으로 2배 성장을 이루어 내고, 1의 100년 장수의 기업이 되겠다는 비전을 마련하였다.

둘째, D사의 꿈과 그 요소인 변화지향(change), 도전지향(challenge), 기회지향(change)을 전 사원이 어떻게 공유하여 긍정적 모티브가 되었는가에 대하여 분석하였으며, 칭찬과 나눔의 문화인 3.3.3 제도, 여원동락(轝員同樂), 경영방침인 4관 3려와 3끼리 경영, 그리고 사원 설문조사 등 1.2차 자료를 참고하였다.

셋째, 디자인사고(design thinking)[11]란 인간을 관찰하여 숨겨진 욕구를 찾아내고 공감하여 소비자를 이해한 뒤, 다양한 대안을 찾는 확산적 사고(diffuse thinking)와 주어진 상황에서 최선의 방법을 찾는 수렴적 사고(convergence thinking)의 반복을 통하여 새로운 가치를 이끌어 내는 창의적 문제 해결방법이다.

D사는 비전4321의 출발점으로 전조직원들에게 회사의 당면한 문제가 무엇이며, 어떻게 해결해 나아가야 하는지와 장기비전에 대한 교육을 실시하고, 이를 뒷받침하는 각종 제도를 마련하여 실시함으로써 전 조직원들이 함양된 주인의식을 바탕으로 회사의 꿈을 공유하고, 회사의 꿈을 자신의 꿈으로 동일시함으로써 강한 실천적 행동적 동기가 발현되었다.

넷째, D사는 인간중심 경영환경이 종업원들의 자발적 동기부여(inherent engagement)의 요인으로 크게 작용하고 있다. 진심어린 칭찬과 소통, 나눔의 여러 기재들이 문화적 풍토가 되어 높은 꿈의 공유와 흥 에너지 충전을 가능하게 했으며, 이것이 어떻게 D사의 경영성과의 선순환을 이루어 내고 있는 가를 분석하였다.

선순환의 첫 번째 조건인 창조성은 미래의 환경변화에 선행적으로 대응하기 위한 기업의 창조적 투자 활동을 말하는 것으로, 이는 매출액 대비 연구개발 투

11) 디자인사고(Design Thinking): http://story.pxd.co.kr/585

자비율, 1인당 연구개발비, 종업원 1인당 특허 수 등으로 정의된다. 연구개발(R&D)을 통하여 신제품 개발이 활발하고 경쟁력이 유지, 강화되면 환경 변화에도 불구하고 지속가능성이 확보하게 되어 기업이 성장하는데 큰 기반 역할을 할 수 있다.

선순환의 두 번째 조건인 시장성은 창조성의 성과로 만들어진 신제품, 신사업이 신 시장에 침투되는 정도(opportunity)를 나타낸다. 창조성이 성공하더라도 시장화에 실패하면 기업이 존속하기 어렵다. 시장성은 매출액 대비 신제품매출비율, 수출비율, 시장지배력 등으로 하여 정의되며, 이들을 통하여 시장성이 산출된다.

선순환의 세 번째 조건인 생산성은 운영효율성을 높여 원가경쟁력을 유지하는 능력을 말하며, 더 싸게 더 좋은 품질의 제품을 효율적으로 생산하는 조직능력이 필요하다. 생산성 지표에는 1인당 매출액, 매출이익률, 자산 순이익률(ROA) 등으로 정의되며, 이들을 통하여 생산성이 산출된다.

순환성은 건강성 3가지 요소 ,즉 창조성, 시장성, 생산성이 동태적으로 시간을 전후해 맞물려 돌아가도록 하는 기업가의 재투자 노력을 말한다. 순환성은 창출된 기업성과를 미래를 위한 재창조에 투자하는 것으로 매출액 대비 투자비율, 영업이익 대비 R&D 투자비율 등이 대표적이다.

제3절 사례연구

3.1 대상기업의 선정배경

본 연구진은 한국적 경영(K-management)과 한국적 기업가 정신(K-entrepreneurship)을 모색하는 작업을 오랫동안 수행해 왔다. 구체적으로 현대, 삼성 등 국내 주요 기업들의 창업부터 현재까지 성장과 위기극복 과정을 심층

분석하여 한국기업의 독특한 성공 DNA를 찾고자 노력하였다. 이러한 노력의 결과 K-기업가 정신과 K-경영모델을 수립하였는데, 이것이 바로 '꿈과 흥 모델'이다. 꿈과 흥 모델은 기업가가 꿈을 가지고, 이를 제시하여 조직 구성원과 공유하면, 구성원은 흥이 나서 일하고, 이것이 창조성, 시장성, 생산성 창출로 이어진다는 의미이다.

한국의 기업들은 K-경영의 특징을 스피드경영(현영석, 2013), 신바람 경영(강봉식 외, 2013), 창조경영 등으로 이야기한다. 그러나 스피드, 신바람, 창조경제는 경영과정을 통하여 나타난 결과물이다. 꿈과 흥 모델은 이러한 결과를 창출해내는 원인변수로 도전과 기회포착, 변화 등으로 나타나는 꿈과 꿈의 구성원 간 공유에 주목한다. 또한 신바람을 포함하는 흥은 창조성으로 이어지는 난장성 효과, 새로운 기회발전으로 이어지는 개방적 특성인 발산성 효과과 생산성으로 이어지는 자발적 몰입성 효과를 가져 온다.

D사를 사례의 대상기업으로 선정하게 된 이유는 D사가 강조하는 신바람 문화와 인재중시, 나눔에 주목했기 때문이다. 연구진들은 한국연구재단의 SSK연구지원으로 장수기업연구를 하는 과정에서 기업승계에 성공한 D사의 사장을 장수기업 토론회에서 만나 그의 경영방식이 독특하여 타 기업에 모범이 될 수 있다고 판단하여, 이후 지속적인 관계를 유지했으며, D사는 조지워싱턴 대 2015년 10월 워싱턴 컨퍼런스에 발표되어 좋은 반응을 얻기도 했다.

나아가 D사 사장이 2015년 한국중소기업학회 추계학술대회에서 사람중심 기업가 정신에 대해 기조강연을 한 이후, D사가 꿈과 흥 모델을 적용하고 발전시키는데 최적의 사례라 판단하여 현재 지속적인 관계를 유지하고 있다.

피터 드러커(2004)에 의하면, 기업가란 변화를 찾고 도전하며, 기회를 추구하는 사람이다. 기업가는 끊임없이 신 성장 동력을 만들어가는 꿈을 제시하고 직원들이 꿈을 공유하고 따라오도록 만들어야 한다. 기업가가 꿈을 구성원들에게 제안하고, 그 꿈을 함께 공유하기 시작하면, 구성원들은 흥이 생긴다. D사는 4관 3려로 이름붙인 경영방침으로 직원들과 공감하려고 노력하고 있다. 4관은 관심과 관찰, 관점 및 관계를 뜻하며, 3려는 독려, 격려, 배려를 의미한다.

2세 경영자는 3꺼리 경영을 강조한다. 3꺼리란 희망 꺼리, 즐길 꺼리, 웃을 꺼리를 직원들에게 만들어 주는 것이다. 꿈과 흥 모델에서 강조하는 꿈과 흥이 있는 일터가 된 것이다. 희망거리는 직원들의 꿈이 되었고, 즐기고 웃을 거리는 흥이 되었다. 흥이 있는 조직일수록 구성원들은 외부적 인센티브에 움직이는 기계가 아니라 자발적 동기부여(inherent engagement)가 이루어진다. 흥이 있을수록 구성원들은 계약적 존재에서 이념적 동지로 변신한다. 이념적 동지들이 협업을 시작하면 메가 시너지가 만들어지며, 그 결과 상상이상의 성과가 만들어지기 시작한다. D사는 매년 생산성과 매출액을 30% 이상 높여가고 있다. 이것이 D사의 흥의 효과가 아닐까? 흥이 있도록 만들어가는 기업가들의 리더십이 한국형 기업가, 즉 K-기업가 리더십의 하나이다. 기업가란 돈을 주는 사람이 아니라 꿈을 주는 사람이다.

구성원들을 흥이 나고 춤추게 하라. 그러면 기업의 성과가 올라가기 시작한다. D사의 종업원들은 업무에 더 몰입하고, 창조자로 변신하여 매년 신제품을 만들어 낸다. 경영성과를 성과급, 회사유보, 배당 등으로 3분의 1씩 배분하는 3·3·3 제도를 2013년에 도입했다. 이런 선순환이 대한민국의 중소기업 종업원의 프라이드가 된다. 이것을 만들어내는 것이 한국형 기업가 정신이다.

3.2 산업동향

금형이란 가공대상 원재료로부터 정확한 치수의 원하는 부품을 대량으로 생산하기 위한 틀을 통칭한다. 금형은 플라스틱 금형과 프레스 금형으로 나누어지는데, D사는 플라스틱 금형이 주력이다(재료연구소(KIMS), 2011).

금형산업은 대량생산을 지원하기 위한 기반산업이며, 수요자의 요구에 따라 형태가 다양한 단품수주 생산방식을 띠고 있으며, 제품수명단축과 구매욕구의 다변화로 인해, 금형도 제품의 다품종 소량생산 방식이 주를 이루고 있다(중소기업청, 2013).

기업측면에서 금형산업은 대부분 전형적인 중소기업 형태를 띠고 있으며, 영세규모의 기업형태이기 때문에 낮은 보수, 열악한 근무환경으로 인해 이직률이 높고, 기술축적도 어려운 한계를 지니고 있다. 아울러 수요업체와 대등한 관계가 아닌 상황에서 기술을 공급. 지도 받으면서 금형을 납품하는 형태이므로 저가격 및 단기 납품 요구 등 종속적일 수밖에 없는 속성을 지니고 있다(박광순, 2014).

D사의 주력분야인 플라스틱 금형 즉, 사출성형기술 관련 주요한 변화는 경량화 요구 증가, 표면 품질기준 향상, 사출성형 적용 제품의 다양화를 들 수 있다. 대부분의 최신 사출성형기술은 독일과 주변 유럽국가 업체에 의해 개발되고 있으며, 미국과 일본은 사출성형 공정을 이용한 새로운 제품설계와 생산이 활발하다. 한국 내의 사출성형 관련 업체는 특별한 신기술을 개발하기 보다는 미국과 일본과 같이 제품개발을 함께 하는 상황이며, 주로 신기술의 소비에 더욱 집중되어 있는 실정이다. 한국의 사출성형기 제조업체는 주로 중저가 제품을 생산하고 있고, 복합사출성형기와 같이 기술집약적인 제품은 생산하더라도 기술력을 충분히 인정받지 못하고 있다(재료연구소(KIMS), 2011).

한국의 금형산업은 생산규모가 10조원을 넘었으며, 2014년 금형 수출이 사상 처음으로 32억 달러를 넘어섰다. 이로써 한국 금형산업은 생산 세계 5위, 수출 세계 2위의 입지를 굳건히 하였다. 그러나 주요 수요기업인 대기업의 해외이전과 신규 제품 개발 감소로 금형산업은 물론 대다수 제조업계가 어려움을 겪고 있다. 더욱이 장기화된 엔저 현상으로 인해 일본 금형산업이 새로운 경쟁력을 갖추기 시작하였고, 한·중 FTA 발효로 중국 금형의 국내 금형시장 진출이 더욱 본격화 되어 우리나라 금형업계의 위기감이 고조되고 있다(금형월보, 2016.1.1.).

그동안 우리나라 금형산업은 전체 생산에서 내수 70%, 수출 30%의 구조를 갖추고 있으나 새로운 도약을 위해서는 내수 50%, 수출 50%의 균형을 맞추어

대내외 급변하는 환경변화에 대응할 수 있는 경쟁력을 갖추어야만 한다. 중국의 저가공세와 선진국의 견제를 극복하기 위해서는 원가경쟁력과 품질향상이 필요하며, 이를 위해서는 인적자원 중심의 투자가 필수적으로 요구되고, 이를 한국적 경영 컨셉(concept)에 반영하여야 한다.

3.3 사례분석

(1) D사의 문헌검토

D사는 사출성형기 개발 및 제조회사이다. 사출성형이란 플라스틱(RESIN, 수지)에 열을 가하여 가소화시켜서 유압으로 용융수지를 금형에 쏘아 넣어 제품을 만들어 내는 것을 말한다. 사출성형에는 여러 복합적인 관련설비가 필요하지만 그 중에서도 세 가지 필수요소인 사출성형기, 금형, 사용원료가 조화를 이루었을 때 기능하게 되며, 목적에 맞는 제품을 생산할 수 있다.

D사는 1967년에 유압기계제작소로 개업하여 반세기동안 오로지 한길을 걸어온 장인정신이 투철한 기업으로 가업승계를 이루어 내었으며, 수많은 특허와 혁신적 관련제품들을 최초로 개발하여 2013년 글로벌 강소기업 대상기업(중소기업청, 중소기업진흥공단, 2013)으로 선정되기도 하였다. D사는 지속가능 경영을 이루기 위해 '비전4321'에도 잘 나타난 바와 같이 4의 칭찬, 소통, 변화, 도전과 3의 세계최고의 사람, 기술, 품질 지향, 그리고 2배 성장을 거쳐 100년 장수기업이 되겠다는 야심찬 꿈을 꾸고 있다.

D사를 다룬 최근 사례는 우선 고용노동부의 "꺼리 경영으로 신바람 나는 기업문화"를 들 수 있다. 꺼리 경영이란 직장에서 즐길 꺼리, 희망 꺼리, 웃음 꺼리는 만들어 나가고, 불평 꺼리 등 부정적 꺼리는 없애는 회사 분위기 쇄신 노력을 의미한다.

꺼리 경영은 나누고 함께하는 즐거운 기업을 강조하는데, 3.3.3 제도, 1.1.1

제도, 즐거움이 있는 기업문화(FUN 문화) 만들기가 대표적이다. 3.3.3 제도란 직원들의 사기를 높여주고 투명한 경영을 하기 위해 경영수익의 1/3은 직원 성과급, 1/3은 주주 배당, 1/3은 운영자금으로 활용하는 것을 말하며, 1.1.1제도란 '다르게 생각 합시다'라는 주제로 매월 직원 1인 1건의 아이디어 제안을 통해 우수 아이디어를 발굴하고, 포상하는 것을 말한다. 그리고 즐거움이 있는 기업문화(FUN문화) 만들기를 위해 명절 제비뽑기, 달콤하데이 운영, 사원 기삼(氣蔘) 데이(4월1일) 운영, 패밀리 레스토랑, 가족사진 콘테스트, 로또 복불복, 사다리는 알고 있다 등의 색다른 행사를 실시하고 있다.

본 사례는 D사의 성공요인으로 (1)보다 많은 직원들이 참여할 수 있는 다양한 프로그램을 개발, (2)긍정적인 직장문화 조성을 위해 다양한 가정 친화적 기업문화 조성 프로그램과 능력개발 지원 사업을 지속적으로 발굴시행, (3)다양한 포상을 통한 참여유도를 제시한다.

한국 산업기술 진흥원은 D사 성장의 밑거름은 "신나는 일터 만들기"라는 사례에서 D사의 성공비결을 직원들에게 동반자적 동기부여를 통해 신바람 나는 일터를 만들며, 조직에 생기를 불어넣고 있기 때문이라고 진단하였다.

본 사례는 D사의 경영전략을 기술과 인재에 대한 아낌없는 투자로 요약하고 있다. D사의 기업 슬로건은 '우리의 가치, 우리가 같이'다. 경영자와 관리자, 현장 직원에 이르기까지 모든 구성원들이 동반자로 인식하고, 신나는 일터 만들기를 실현한다는 것이다. 직원들이 열심히 일해서 번 돈과 미래가치를 직원과 공유해야 한다는 철학에서 이 같은 실천이 가능했다.

D사는 노력한 만큼 보상받는 공유와 경쟁의 문화도 강조하였다. 실제로 D사가 3.3.3 제도를 통해 회사수익의 3분의 1을 성과급으로 돌려주자 직원들이 스스로 일하는 분위기가 살아났다. 효과를 극대화시키기 위해서 성과급은 일률적으로 같은 비율로 주지 않고, 차등지급 원칙을 세웠다. 이처럼 열심히 일하는 직원들에게 기업성장의 몫이 분배되자 회사의 분위기는 서로 자극받는 선의의 경쟁과 선순환 분위기가 정착된 것으로 평가하고 있다.

중소기업청 사례 "흥이 넘치는 문화, 여원동락(與員同樂)이 성공비결"에서는 경영위기와 그 극복을 통해 직원들이 일하기 좋은 환경이 된다면 그만큼 성과는 따라온다는 교훈을 믿고, D사는 직원들이 신나는 일터 만들기를 모토로 삼게 되었다고 설명하고 있다. 이 사례에서는 꺼리 경영에 더하여 D사가 '4관 3려'라 불리는 경영방침을 세워 직원들과 소통하는 자리를 꾸준히 마련하고 있음을 소개하고 있다. 비전4321도 눈에 띈다. 칭찬, 소통, 변화, 도전(4)과 세계최고의 사람, 기술, 품질(3)이 만나 두 배(2)로 성장하고, 마침내는 100년 장수기업(1)이 되겠다는 다짐이다. 여원동락(與員同樂)은 직원들과 즐거움을 더불어 함께하는 D사의 모토를 잘 요약하고 있다. D사는 즐거운 일터가 되기 위해서는 무엇보다 직원 간의 소통을 제일로 꼽고 있다. 다양한 프로그램을 통해 원활한 소통 분위기를 만들고, 직원 복지에도 투자하여 자녀장학금, 각종 언어교육, 사내 도서관 등을 운영하고 있다,

본 사례연구는 '꿈과 흥 모델'을 적용하여 신바람 경영을 보다 큰 틀에서 보고자 하였다. 꿈과 흥 모델에서는 선행적 기업가 정신을 지향하는 꿈의 형성에서 출발하여 이것이 공유(empathy)됨으로써 신바함, 즉 흥으로 연결되는 과정을 다루고자 하였다. 또한 이러한 흥의 결과가 어떤 성과로 연결되는지 창조성, 시장성, 생산성, 선순환에 대한 분석을 통해 살펴보고자 하였다.

꿈과 흥 모델은 D사 사장이 말한 '비전 4321'에 잘 나타나 있다. 첫째, D사는 스스로 96℃인 회사로 보고 있다. 그래서 100도를 만들기 위해 4℃는 꿈으로 채우려고 하고 있다. 꿈이 있으면, change(변화지향), challenge(도전지향), chance(기회지향)이 생긴다. 꿈을 공유하고 칭찬(compliment)을 통한 소통이 많아야 한다. 둘째, 그러면 조직에 흥이 나고, 흥이 나면 사람, 기술, 품질, 3요소가 살아나게 된다. 셋째, 그 결과 매출도 2배 성장할 수 있다. 2배 성장이라는 의미는 칭찬하고 소통하여 사람, 기술, 품질이 살아나면 그만큼 큰 성장이 따라온다는 말이다. D사 사장 취임 이후 회사 매출은 두 배로 늘어 2013년에 약 600억 원을 기록했다. 넷째, 이렇게 함으로써 D사는 100년 장수기업이 될 수 있다고

자신하고 있다.

(2) D사의 선행적 기업가정신

D사는 1967년 창업자에 이어 현재의 사장이 가업을 승계한 기업이다. 1967년 유압기계제작소로 설립하였으며, 당시 플라스틱 산업은 불모지에 가까워 모든 기계를 수입해서 시작했다. D사는 국내 최초로 인라인 스크루 사출 성형기, 전자동 사출성형기, 초절전형 사출성형기, 초소형 정밀 사출기 등을 개발한 기술력 중심의 강소기업이 되었으며, 전체 직원의 20% 이상이 R&D인력으로 구성되어 있다.

1990년대 중반에는 사업다각화 필요성이 제기되어 신사업을 시작했으나 2000년대 들어 중국의 저가 공세로 경영난에 봉착하고, 직원의 40%를 퇴직시키는 등의 대대적 구조조정을 단행하기도 하였다. 넓은 시장에 얇게 떠먹는 저가형 영업기업의 전형적 한계를 보여준 것이다.

이러한 경영위기 속에서 현 사장이 사업을 승계하였다. 1995년 입사해, 말단부터 시작해 17년간 근무경력을 쌓아, 2010년부터 실질적으로 부친(창업자) 이어 대표를 맡았다. 이때까지 D사는 부서이기주의가 팽배하였고, 노조대립으로 직장 폐쇄까지 가기도 하였다. K사장이 군에서 제대할 무렵 창업자가 정신병원에 입원하는 쇼크를 겪기도 하였다. 기업은 엄청난 적자에 허덕이고 있었으며, 급기야 폐업도 고려할 정도였다.

위기극복을 위해 K사장은 대표 취임 후 변신의 기회로 '3꺼리 경영'을 지향했다. 사람이 중심이 되는 기업을 지향하여, 꿈이 있고, 흥이 있는 회사를 만들고자 했다. 이것이 D사의 3꺼리 경영이다. 3꺼리 경영은 K 사장이 직원들과 소통하는 경영방침이다. 직원들에게 희망 꺼리, 즐길 꺼리와 웃을 거리를 많이 만들어 주자는 것이다. 희망이 꿈이 되고, 즐기고 웃는 흥이 있는 조직이 되었다. 그 사이 회사 매출은 두 배 늘어 2013년 약 600억 원을 기록했다.

D사는 사람이 경쟁력이라는 신념하에 공부하는 회사를 만들고 있다. 작은 기

업이지만 사내에 도서관도 만들고 자체 교육기관인 아카데미도 운영하고 있다. 각종 언어교육과 푸짐한 자녀 장학금 등 사람에 대한 투자를 아끼지 않자 직원들은 주인의식으로 보답했다. D사의 직원 평균 근속연수는 25년에 이르고 있다. D사 직원의 96%(제안율 96%)가 브레인스토밍으로 아이디어를 제안하고 있다. 직원157명 중 20%가 넘는 30여 명이 연구개발(R&D) 인력이다. 최근 3년간 부산, 경남 지역의 대학졸업생과 특성화고 출신 60여 명을 새로 고용하여 고용창출로 사회에 보답하고 있다.

K 대표는 사람에 대한 인정을 위해 4관 3려를 강조한다. 4관은 관심과 관찰, 관점과 관계를 뜻하며, 3려는 독려와 격려, 배려를 의미한다. 기업가의 독단, 독선, 독식을 지양하려고 한 것이다. 이는 중소기업의 종업원은 돈이 아니라 인간에 대한 인정이 있어야 오래 근무한다는 생각에 바탕을 두고 있다.“이성에 대한 연애의 출발은 곧 관심이죠. 관심을 갖게 되면 관찰하게 되고, 그때부터 좋은 관점이 생기고 좋은 관계가 만들어 집니다(K사장의 인터뷰).”우선 관심이다. 관심을 가지고 관찰을 하면, 무엇을 좋아하는지 관점이 생긴다. 그래서 만들어지는 관계라야 건강한 관계이다. 모든 사람은 고유한 능력을 가지고 있으며, 지도자는 관점을 바꾸어 이들의 장점을 볼 수 있어야 좋은 관계가 만들어 진다. 사람은 우선 격려하고 배려되어야 한다. 그래도 못하는 사람은 독려하여 함께 갈 수 있도록 해야 한다는 것이 바로 3려 정신이다. 그러나 언제나 관대한 것은 아니다. Nice guy finish last(좋은 사람이 꼴찌)라는 말이 있듯이 K사장은 인본주의를 지향하지만, 그러나 신상필벌이다. 계약을 불이행 했을 때는 신상필벌의 원칙을 지킨다.

이렇게 취임 후 4년 만에 창업자와 K사장이 합심해 핵심역량인 기술력을 중심으로 회사조직을 전문화하는 한편, 장인정신을 바탕으로 꿈이 있는 회사, 흥이 있는 회사를 만들이 가고 있다. 이러한 노력의 결과 D사는 위기를 극복하고 가업승계와 발전을 동시에 추진한 모범적 케이스가 되었다. 중소기업 장수진화의 길에서 오너십(ownership)과 기업가 정신, 인재개발, 임직원들의 자발적 참여가 결합될 때 성공할 수 있다는 좋은 사례가 되고 있다.

(3) D사의 K-경영 건강성(healthiness) 분석

| 표 13 | D사 경영성과의 건강성 지표

구 분	2006년	2007년	2008년	2009년	2010년	2011년	2012년	2013년	2014년
종업원 수	131명	136명	124명	113명	122명	128명	137명	146명	158명
매출액	353억	377억	264억	268억	465억	452억	427억	595억	493억
연구개발비 /매출액	0.85%	1.06%	0.38%	0.37%	2.58%	4.65%	3.04%	2.18%	3.04%
R&D 1인당 (특허수/연구 개발비:억)	0.41/0	0.22/0	0.07 /0.13	0.07 /0.13	0.75 /0.13	1.17 /0.11	0.65 /0.2	0.57 /0.48	0.52 /0.41
수출액 /매출액		17.24%	29.17%	17.54%	26.67%	15.71%	15.69%	7.06%	5.68%
시장점유율 (국내순위)	7% (2위)	8% (2위)	8% (3위)	8% (3위)	10% (3위)	9% (3위)	9% (3위)	12% (3위)	10% (4위)
1인당(영업 이익/매출액)	-3.97%	-4.51%	-10.23 %	-5.22%	3.87%	0.44%	3.75%	5.88%	2.23%
연구개발비 /영업이익		-29%	-6%	-4%	-86%	117%	650%	81%	43%

〈표 13〉은 D사의 수년간에 걸친 경영성과에 대한 재무적·비재무적 건강성 지표이다. 2010년부터 각 종 경영지표가 현저하게 양(+)의 변화를 보이고 있는 바, 이는 제2세 경영자인 K대표가 실질적으로 경영을 승계한 이후부터의 지표들이다. 〈표 13〉에 나타난 각종 지표 즉, 창조성, 시장성, 생산성, 순환성은 전반적으로 건강성의 궤도에 올라 선순환하고 있는 것으로 평가되었다. 이들 건강성을 구성하는 각각에 대해서는 〈그림 4〉~〈그림 9〉에서 분석하였다.

① **창조성(creativity)**

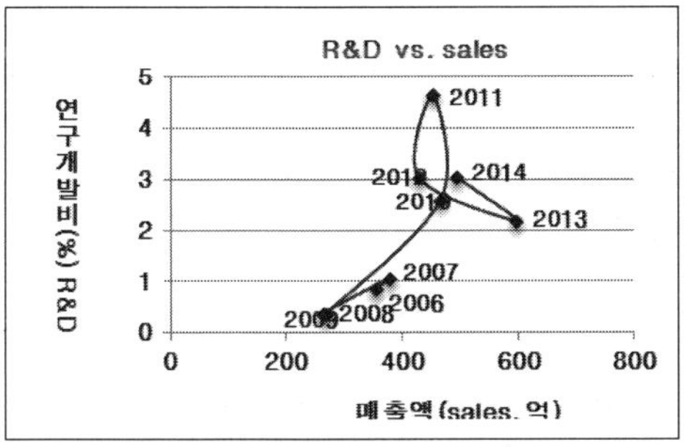

▌그림 4▌ 매출액 대비 연구개발비

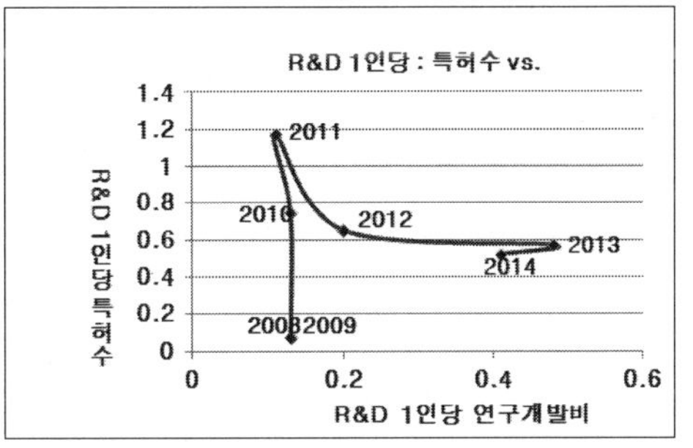

▌그림 5▌ 연구개발비 대비 특허수

창조성은 미래의 환경변화에 선행적으로 대응하기 위한 기업의 연구개 발 투자 활동을 말하는 것으로, 신제품 개발 및 특허창출이 활발하고 경쟁력이 유지되면 환경변화에도 불구하고 지속가능성을 확보하게 되는 것이다. D사의 연구개발 인력은 2014년 현재 전 조직원의 20%가 넘는 인력이 연구개발 활동을 하고 있다. 〈그림 4〉의 매출액 대비 연구개발 투자비율은 2006년부터 2009년까지 평균 0.71%이고, 2010년~2014년 평균 3.04%로 나타나, 2010년~2014년 기간 연구개발 투자 비율이 전 기간(前 其間) 대비 4.28배로 급상승하였다. 이에 따라 전(前) 기간의 R&D 1인당 평균 특허 수가 0.07개이고, 2010년~2014년 평균 특허 수는 0.27개로 나타나 전 기간(前 其間) 대비 3.85배 상승하였다. 이는 D사의 창조성에 대한 의지가 혁신적으로 강화된 것으로 풀이 되며, 연구결과 또한 괄목할 수준으로 상승 하였다. 한편 2세 경영체제로 들어간 D사는, 수요기업인 대기업의 해외 이전과 장기화된 엔저현상으로 일본의 금형산업이 새로운 경쟁력을 갖추기 시작하였고, 한·중 FTA 발효로 중국 저가금형의 국내시장 진출이 본격화되는 등 금형업계의 위기감이 고조되고 있는 상황에서, 국내외적 환경변화에 능동적으로 대처하기 위해 본격적으로 신제품 전략모델을 개발에 착수하여 완료한 상태다. 신제품군은 9개 전략모델로 자동차, 스마트폰, 메디컬, 신소재, 초정밀 분야 등의 글로벌 시장 진출을 목표로 개발되었다. 특히 지난 50년의 사출기 제작 노하우를 바탕으로, 10톤급 초정밀 사출기로부터 3천 톤급에 이르는 초대형 제품군을 새롭게 개발해 기존제품과는 전혀 다른 형태의 전략모델을 대거 포진시킴으로써 하이엔드급(high-end level, 고급) 해외사장을 집중적으로 공략한다는 방침이다. 본 제품개발을 위해 지난 2년 간 연구개발에 집중 투자하여, 초정밀 분야와 특수 신소재 분야에 진출하기 위해 소재기술에 필요한 특허권 확보는 물론, 장비 제작기술의 질(質)을 높이는데 주력해 왔다.

이리하여 D사는 창조성을 획기적으로 강화함으로써 선순환을 위한 건강성의 선행 조건을 확보하게 되었다.

② 시장성(opportunity)

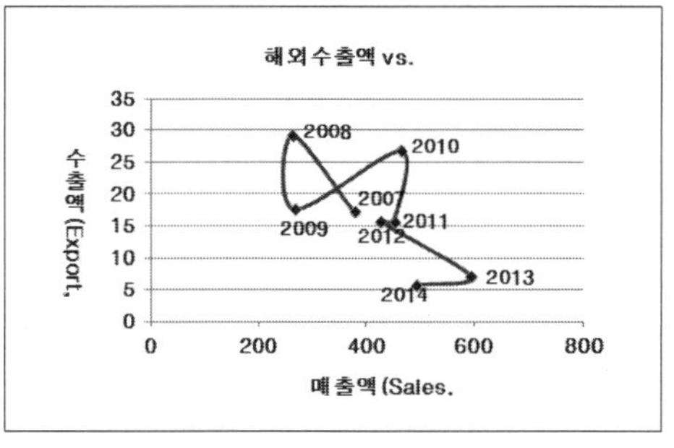

❙그림 6❙ 매출액 대비 수출비율

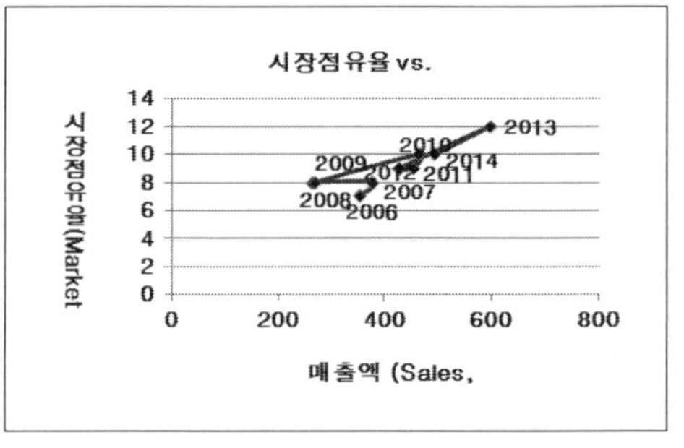

❙그림 7❙ 매출액 대비 시장점유율

시장성은 기회활용성으로도 표현되는 바, 연구개발의 성과로 만들어진 신제품이 신시장(niche creation)에 침투되는 정도를 나타내며, 또한 기업의 창조적 활동의 성과를 통해 시장을 점유하는 능력으로, 자신만의 생태적 틈새를 확보하여 전문적 영역을 개척하는 전문화 정도와 제품의 시장 우위를 나타내는 시장지배력으로도 나타낼 수 있다.

시장성은 매출액 대비 신제품 매출비율, 매출액 대비 수출비율, 시장지배력을 의미하는 시장점유율 등으로 측정할 수 있다.

〈그림 6〉은 D사의 매출액 대비 수출비율을 나타내고 있다. 2010년부터 2014

년까지 평균수출비율은 13.7%이며, 완만하게 우하향하는 추세를 보이고 있다. 이는 수요기업인 대기업의 해외이전과 장기화 된 일본의 엔저 현상, 그리고 한.중 FTA 발효로 중국 저가형 금형의 국내 시장 진출 등에 의하여 수출에 영향을 미쳤을 것으로 분석된다. 〈그림 7〉은 D사의 국내 시장점유율 그래프이며, 우상향하는 추세를 나타내고 있다.

그 동안 내수시장에 주력해온 D사는 제2세 경영체제에 들어간 후, 국내외적인 저가형 시장 환경 변화를 직시하고, 선제적으로 신제품 개발에 착수한 결과 자동차, 스마트폰, 메디컬, 신소재, 초정밀분야 등을 목표로 완료한 한 9개 전략모델을 바탕으로, 글로벌 시장(global market)진출을 위한 마케팅 활동에 착수했다. 새로운 제품군은 기존 제품과는 전혀 다른 형태의 전략모델로 하이엔드급(고급, high-end level) 시장을 집중 공략한다는 방침이다. D사가 글로벌 마케팅을 본격화 한데는 그 동안의 투철한 장인정신과 우수한 기술력을 바탕으로 새로 개발된 제품군의 성능과 내구성이 유럽 및 일본 장비와의 경쟁에서도 결코 뒤지지 않을 정도로 높은 경쟁력을 갖추고 있기 때문이다. 새로운 제품군은 글로벌 마케팅의 일환으로 2015년 국내 코플라스(Koplas) 전시회를 통해 일반에게 공개되었으며, 체코, 러시아, 베트남, 중국 등 해외에서 열리는 각종 전시회에 참가해 제품의 우수성을 알리고 있다. 또한 2016년 독일에서 열리는 세계적인 플라스틱 전시회인'K쇼'에 단독부스로 참여하여 독일, 유럽 및 일본 업체들과 하이엔드급 시장에서 기술경쟁을 겨루는 등의 혁신적인 마케팅 활동을 펼치고 있다. 이리하여 D사는 저가형 기업의 한계로부터 완전히 탈피하여 새로운 제품군의 성능과 내구성 및 기술력을 바탕으로 하이엔드급 글로벌 시장에 진출함으로써 수출의 대 혁신을 이루어 내겠다는 전략이다.

③ 생산성(productivity)

생산성은 기업이 가지고 있는 자산과 생산요소를 효과적으로 결합하고 사용함으로써 자산을 얼마나 효율적으로 운영했는가를 평가하는 지표이다. 즉, 생산성은 운영효율성을 높여 원가경쟁력을 유지하는 능력으로, 더 싸게 더 좋은 품질의 제품을 효율적으로 생산하는 조직능력이 필요하다. 생산성 지표에는 1인당 매출액, 1인당 영업이익 및 영업이익률, 매출이익률, 자산 순이익률(ROA) 등이 있다.

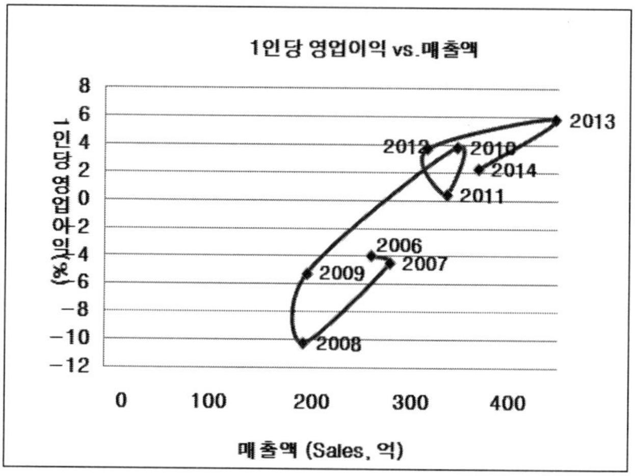

▌그림 8▌ 매출액 대비 영업이익

〈그림 8〉의 그래프에서 나타난 바와 같이 D사는 지난 2010년부터 회사 생산성이 30%씩 급속한 상승세를 나타내고 있다. D사 성형사출기가 국내 동종업계 제품보다 15%정도 값이 비싼데도 잘 팔리는 것은 사출성형물의 불량률이 1% 이하로 타사보다 훨씬 낮기 때문이다. 이는 D사가 각 종 사원 중심제도를 통하여 모든 성과를 구성원들과 나누고, 직원복지향상의 일환으로 아카데미, 장학제도, 도서관설립 등의 시행으로 일하는 사람이 대우받는 사내 분위기를 정착하여, 구성원들은 자기회사라는 주인의식과 노력하면 얻는다는 의식을 갖게 된 동기요인이 있었기 때문으로 풀이된다. 이에 따라 성과지표들은 상상 이상으로 높게 나타나, D사의 건강성은 선순환을 이루어 내며 지속성장의 궤도를 그려가고 있다.

④ 순환성(re-investment)

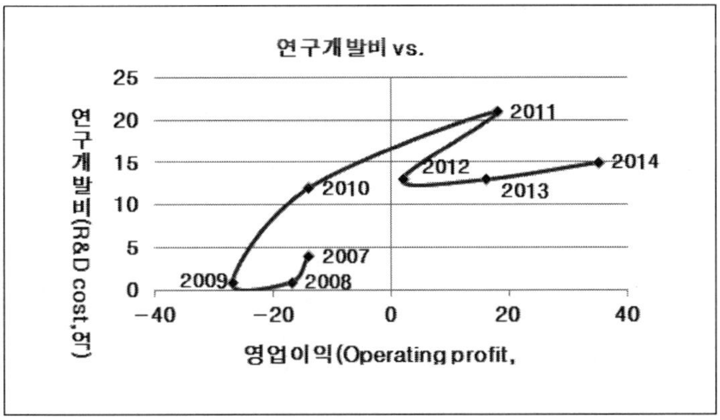

▌그림 9▐ 영업이익 대비 R&D 투지비율

순환성은 건강성 3가지 요소 ,즉 창조성, 시장성, 생산성이 동태적으로 시간을 전후해 맞물려 돌아가도록 하는 기업가의 재투자 노력을 말한다. 순환성은 창출된 기업성과를 미래를 위한 재창조에 투자하는 것으로 매출액 대비 차기 투자비율, 영업이익대비 R&D투자비율이 대표적이다.

〈그림 9〉에서 보는 바와 같이 D사는 2009년의 영업이익이 마니어스 성장임에도 R&D투자에 집중화하였으며, 이후 지속으로 R&D투자를 강화하여 전년도 영업이익 대비 평균 87.3%라는 높은 R&D 투자비율을 나타내고 있다. 이는 D사가 제2세 경영체제에 들어와 근시안적 시야를 벗어나 기존제품과는 전혀 다른 9개의 전략모델을 개발, 글로벌 시장진출을 위한 선행조건인 창조성에 일대 투자혁신을 일으킴으로써 선순환의 토대를 마련하였다는 면에서 큰 의의가 있다 하겠다.

⑤ D사 종업원들의 꿈과 홍에 대한 의식도 조사

지난 2015년 1월부터 2월말까지, D사의 직원(158명, 2014년 말 기준)들을 대상으로 꿈과 홍에 대한 의식정도를 알아보기 위하여 설문조사를 실시하였으며, 응답자 중 유효한 107명을 대상으로 설문결과를 분석하였다. 또한 2016년 1월 7일부터 22일까지 전국 기업체 소속 종업원들을 대상으로, 꿈과 홍에 대한 설문조사를 실시하여(유효응답 수: 426명), D사 직원들에 대한 의식도와 비교 분석하였다. D사의 종업원과 전국 기업체 소속직원 대상으로 실시한 설문조사는 어디까지나 사례의 객관성을 높이기 위하여 실시되었음을 밝혀둔다.

측정변수는 7점 리커트 척도(Likert Scale)를 사용하였으며, SPSS Version 23으로 분석하였다.

❙ 표 14 ❙ 꿈과 흥에 대한 T- 테스트 결과(D사와 전국 기업소속 종업원)

변 수		설 문 문 항	T-테스트 (평균비교)		유의 확률 (양측)	Cronbach 알파
			D사	전 국		
꿈 (Dream)	변화지향 (Change)	꿈은 환경변화에 대응하는 힘의 원천이 되는가?	5.01	4.03	.000	.874
	도전지향 (Challenge)	꿈은 도전하게 하는 힘의 원천이 되는가?	5.20	4.01	.000	.870
	기회지향 (Chance)	꿈은 새로운 사업기회를 발굴하는 힘의 원천이 되는가?	5.03	3.98	.000	.872
공유(Empathy)		경영자는 종업원들과 꿈을 공유하는가?	4.91	4.03	.000	.882
흥 (Excitement)	창조성 (Creativity)	신나게 난장 파티를 한 후 새로운 질서가 만들어지는가?	4.10	3.76	.000	.913
	시장성 (Opportunity)	흥을 느끼면 새로운 기회가 왔을 때 더 적극적으로 실천하게 되는가?	5.30	4.93	.000	.889
	생산성 (Productivity)	흥을 느끼면 일에 더 몰입하게 되는가?	5.68	5.31	.000	.890
전 체 평 균			5.03	4.30		.902

-. p 〈 .001에서 유의함

-. Cronbach의 알파 (신뢰도): .70 이상 만족

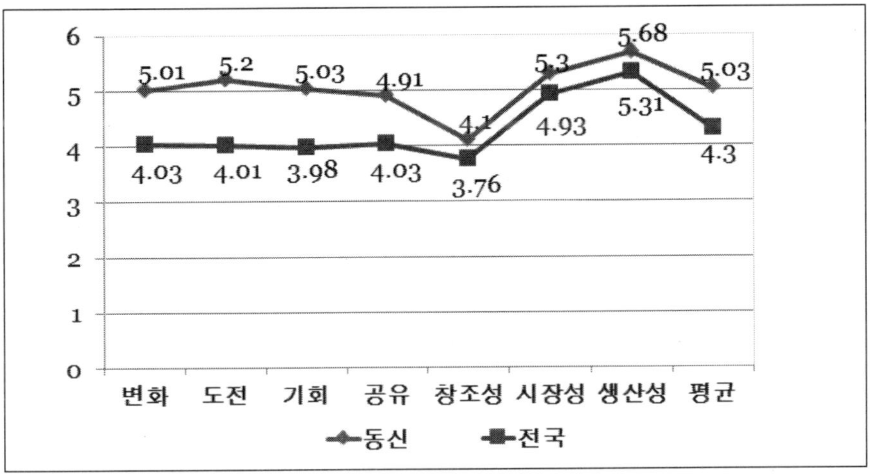

❙그림 10❙ D사와 국내 기업체 종업원들의 꿈과 흥에 대한 T-테스트

〈표 14〉와 〈그림 10〉의 설문결과에서 나타난 바와 같이 꿈과 공유, 그리고 흥의 모든 면에서 D사 직원들의 의식정도가 전국 기업체 소속 종업원들의 의식정도에 비해 높은 것으로 분석되었다.

첫째, D사 직원들의 꿈에 대한 의식정도(5.08)는 위 〈표 14〉와 〈그림 10〉에서 보는 바와 같이 변화지향, 도전지향, 기회지향에서 모두 전국결과(4.01)에 비해 높게 나타났다. 이는 D사 경영자의 선행적 기업가 정신에 대해 직원들이 공명하는 정도가 높다는 의미로 해석되며, D사 직원들을 위한 새로운 여러 제도들의 시행으로 직원들 스스로가 주인이라는 의식을 갖게 함으로써 회사의 미래를 경영자적 시각에서 바라보게 된 것이 주된 원인으로 분석되었다.

둘째, 꿈의 공유정도는 회사가 지향하는 비전을 직원들이 얼마나 공유하는가를 말하며, 공유정도에 따라 비전달성의 성패가 달려있다 해도 과언이 아니다. 본 설문분석 결과 D사 직원들의 꿈의 공유정도(4.91)는 전국 기업체 소속 공유결과(4.03)에 비해 역시 높게 나타났다.

셋째, 설문결과에서 나타난 흥의 건강성 지표인 창조성, 시장성, 생산성에서도 D사가 전국 결과에 비해 모두 높은 것으로 분석되었다.

〈표 14〉와 〈그림 10〉에서 나타난 꿈과 공유 그리고 흥의 긍정적 의식수준의 평균을 보면, D사가 5.03, 전국이 4.30으로 D사가 현저히 높게 나타났다. 이는 D사가 2세 경영을 시작으로 직원모두가 이념적 동지로 뭉쳐져서 꿈을 실현하기 위한 강력한 정신적 기반이 마련되었으며, 실제 각종 경영지표가 괄목할 수준으로 성장하였음을 사례로 보여주었다. 더불어 앞서 언급한 글로벌 시장진출을 위하여 기존제품과는 전혀 다른 형태인 혁신적인 고급 신제품 전략모델을 개발 완료하고, 마케팅 전략에 돌입한 것은 다름 아닌 2세 경영자의 진취적이고 위기극복의 선행적 기업가 정신과 이를 공유한 D사 직원들의 강한 도전정신이 결합되어 이루어진 결과라 하겠다.

제4절 D사의 지속가능 경영에의 시사점

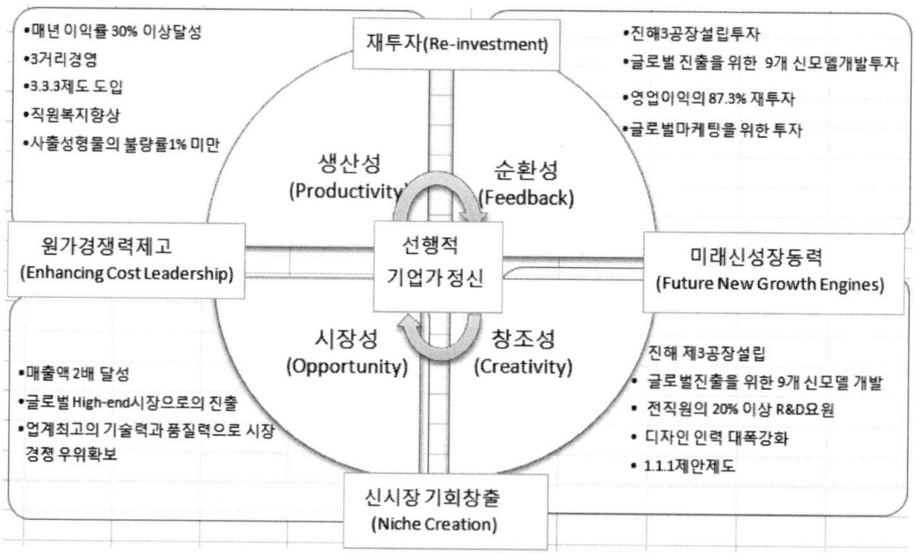

▌그림 11▐ D사의 기업가 정신과 건강성의 선순환성

D사의 지속가능 경영평가 지표인 창조성, 시장성, 생산성, 순환성의 결과들을 살펴보았다. D사가 제2세 경영체제 출범 후 일련의 선행적 기업가 정신 실천사례들을 분석해 보면, 4대 지표들이 선순환의 궤도를 그리며 전략적 민첩성을 가지면서 진화하고 있음을 보여주었다.

D사는 먼저 환경변화에 능동적으로 대응하며, 글로벌 시장에 본격적인 진출을 위한 새로운 제품과 사업을 창조하고 있었으며, 한편으로는 중국의 저가 정책에 대응하는 내실을 다져 지난 2010년 이후 매출액의 2배 성장과 매년 30% 이상의 생산성 향상을 가져왔다. 이러한 면에서 D사의 기업가 정신은 피터 드러커가 주장한 행동적 실천적 특성의 궤적을 그대로 나타내고 있다.

〈그림 11〉의 건강성 모델은 4대 건강성 요소별로 대표성 있는 사례들을 제시함으로써 D사의 2010년 이후의 경영활동 과정과 기업 건강성의 상관관계를 한 눈에 파악할 수 있도록 정리를 했다. D사는 현재의 성장에 만족하지 않고, 건강성의 출발점인 창조성에 역점을 가함으로써 9개의 하이앤드(High-end)급 제품개발을 완료하여 해외 시장진출을 위한 기반을 확보하였고, 여러 나라에서 각종 전시회 등을 비롯한 마케팅활동을 전개하고 있다. 이리하여 국내사업의 확장과 동시에 해외시장 진출을 통해 틈새시장을 개척함으로써 비전4321의 100년 장수기업의 꿈을 이루겠다는 전략이다.

D사는 위기상황에서 진취적이고 위기극복의 정신을 발휘하여 위기를 지속가능 성장의 기회로 변화시켰고, 건강성 3요소를 선순환 궤도로 진입시킨 K-경영의 대표적인 사례로서 특히 중소기업인 들에게 시사하는 바가 크다 할 것이다.

제5절 소결론

본 연구는 D사 2세 경영자의 혁신적 경영사례를 통해 K-경영의 기업가 정신과 기업 건강성에 대한 시사점을 얻고자 시도한 연구이다. 최근 한국경제가 잠재

성장률이 급락하면서 저 성장의 늪에 빠져 들고, 중소기업들은 국내시장에 의존한 채 갈라파고스 신드롬을 겪고 있는 상황에서 절실히 요구되는 것이 진취적이고 위기극복의 선행적 기업가 정신의 발현이다. 이러한 의미에서 본 사례를 통해 경영상의 어려움을 겪고 있거나 재도약을 꿈꾸고 있는 중소기업들에게 건강성 4요소의 선순환적 경영이 지속가능 성장에 어떤 함의가 있는지 보여주었다.

첫째, 창조성은 미래의 환경변화에 대한 선제적 경영활동으로 새로운 시장 기회를 창출하기 위해 끊임없이 신성장 동력을 만들어가려는 기업의 연구개발 투자 활동으로, D사는 기업 건강성의 출발점이라고 할 수 있는 연구개발에 전 조직원의 20%가 넘는 인력이 투입됨으로써 국내적으로는 기존시장의 경쟁력 강화를 위한 지속적인 신제품 개발과 국외적으로는 해외시장 진출을 위한 연구개발 활동이 활발하게 이루어져, 신제품 및 특허 수가 전 기간(前 其間) 대비 3.85배의 실적으로 상승하였다. 이는 D사가 장기적 관점에서 경쟁력을 확보하기 위한 경영활동의 일환으로 창조성에 대한 의지가 혁신적으로 강화된 것으로 풀이 된다. 특히 2세 경영체제에 돌입한 D사는 해외시장 진출을 목적으로 기존의 저가시장 제품과는 전혀 다른 고급(high-end level) 신제품 전략모델을 개발 완료함으로써 새로운 해외시장 진출의 기반을 마련하였다. 이리하여 D사는 연구개발의 창조성을 획기적으로 강화함으로써 선순환 경영을 위한 선행 조건을 확보하게 되었다.

둘째, 시장성에 있어서, 그동안 내수시장에 주력해온 D사는 2세 경영체제에 들어간 후, 국내외적인 저가형 시장 환경변화를 직시하고, 선제적으로 개발에 착수하여 완료한 고급형 전략모델을 바탕으로, 글로벌 시장진출을 위한 마케팅 활동에 착수하여, 유럽 및 일본 등지에서 고급시장을 타-깃으로 적극적인 마케팅 활동을 펼치고 있다. D사가 글로벌 마케팅을 본격화 한데는, 핵심역량(core competence)인 투철한 장인정신과 우수한 기술력을 바탕으로 새로 개발된 제품군의 성능과 내구성이 유럽 및 일본 장비와의 경쟁에서도 결코 뒤지지 않을 정도로 높은 경쟁력을 갖추고 있기 때문이다. 이리하여 D사는 저가형 기업의 한계로부터 탈피하여 새로운 제품군의 성능과 내구성 및 기술력을 바탕으로 고급형 해외 시장에 진출함으로써 수출의 혁신을 이루어 국내외적으로 강력한 경쟁력을 갖춘 강소기업으로 도약하겠다는 전략이다. 이와 같이 D사는 시장의 흐름과 이를 둘러싼 환경변화를 미리 예견하고 선제적으로 연구개발을 통하여 신제품을 만들어내고 마케팅활동을 펼침으로써 지속성장에의 길을 열어가고 있다.

셋째, 생산성에 있어서 D사는 종업원의 자발적 참여로 괄목할만한 생산성 향상을 이루어, 지난 2010년부터 회사 생산성이 30%씩 괄목할 상승세를 나타내었다. 또한 성형사출기가 국내 동종업계 제품보다 15%정도 값이 비싼데도 매출의 현저한 증가세는, 최고의 품질을 지향하는 비전4321의 실행으로 나타난 결과로 풀이된다. 이 모든 결과는 D사가 인간중심경영 즉, 각 종 사원 중심제도를 통하여 모든 성과를 구성원들과 나누고, 직원복지향상의 일환으로 아카데미, 장학제도, 도서관설립 등의 시행으로 일하는 사람이 대우받는 사내 분위기를 정착하여, 구성원들은 자기회사라는 주인의식과 노력하면 얻는다는 의식을 갖게 된 동기요인이 있었기 때문이다. 이에 따라 성과지표들은 상상 이상으로 높게 나타나, D사의 건강성 지표는 선순환을 이루어 내며 지속성장하는 기업으로 S곡선의 궤도를 그려가고 있다.

넷째, 순환성에 있어서 D사는 2010년 이후 연속적으로 R&D투자에 집중하여 전년도 영업이익 대비 평균 87%에 해당하는 높은 투자로, 신 시장 개척을 위한 선행적 조건인 창조성에 혁신을 일으킴으로써 장기적인 선순환 경영의 토대를 만들겠다는 경영자의 진취적 기업가 정신이 강하게 투영된 결과라 하겠다.

위의 사례에서 나타난 바와 같이 D사는 기업 경영상의 건강성 지표인 창조성과 시장성, 그리고 생산성의 조건을 두루 갖추면서, 건강성 패러독스(paradox), 즉 R&D 근시안, 시장 근시안, 수익성 근시안에 빠지지 않고, 선순환 궤도를 성공적으로 그려가고 있다.

한국의 많은 산업 생태계가 그 활력을 잃어가는 상황에서, 특히 중소기업이 활력을 찾고 지속성장으로 가는 출발점은 기업가 정신의 회복과 건강성의 지표인 창조성, 시장성, 생산성의 선순환 궤도에의 진입시도가 무엇보다 필요하다. 분야별, 규모별로 새로운 희망을 보여주는 혁신적인 성공 사례들이 절실히 필요한 이때, D사는 비록 규모가 작은 중소기업이지만 꿈과 흥 모델을 중심으로 발휘한 진취적이고 위기극복의 선행적 기업가 정신은 시의(時宜) 적절한 경영혁신사례로서 시사 하는바가 크다 할 것이다.

VI 결 론

제1절 연구결과 및 시사점

본 연구는 연구목적을 달성하기 위하여 세 가지 소주제를 가지고 실증 연구와 사례연구를 병행하여 수행하였다. 첫째, K-경영의 주요 변수인 꿈과 흥이 플랫폼 기반 환경을 매개로 하여 기업건강성에 어떤 영향을 미치는지에 대해 실증분석을 통하여 연구결과를 제시하였다. 둘째, 국내 기업체 소속 종업원들을 대상으로 실시한 설문자료를 토대로 군집분석을 실시하여 K-경영의 관점에서 대상자들에 대한 특성별 유형화와 명명, 그리고 기업 인적자원의 효율적 활용관점에서 그 방향성을 제시하였다. 셋째, 사례연구에서는 K-경영의 꿈과 흥 모델을 중심으로 기업 건강성을 창조성, 시장성, 생산성 관점에서 분석하였으며, 그 시사점을 제시하였다.

먼저 제Ⅲ장의 실증연구에서는 K-경영요소가 플랫폼 비즈니스 환경에서 기업건강성에 미치는 영향을 분석하였다. 이를 위하여 국내 기업체 소속 종업원들을 대상으로 실시한 설문조사와 관련 2차 자료를 바탕으로 실증분석을 수행한 결과, 꿈과 흥은 플랫폼을 기반으로 하는 비즈니스 환경에서 경쟁행동의 원인변수로 작용하여 기업건강성에 유의한 영향을 미치는 것이 통계적으로 지지되고 있음을 확인하였다. 따라서 본 연구를 통해 나타난 학문적 의의는 몇 가지 측면에서 강조될 수 있다.

첫째, 꿈(夢)은 기업이 미래의 현실에서 실현하고자 하는 바람직한 상태

(desirable state)로, 변화를 찾고 도전하며, 기회를 추구하여 기업의 방향성과 성장을 위한 원동력으로 작용하며, 기업경영활동의 출발점이 된다(Drucker, 1964). 이러한 관점에서 꿈의 존재는 기업마다 그 경영형태에 있어서 차이가 있을 지라도 경영의 선행적 개념이라 할 수 있다. 본 연구의 플랫폼 기반 경영도 기업의 꿈에 기반 하여 수행되는 경영수단의 하나로써, 플랫폼 그 자체로는 완결되지 않은 비어있는 추상적 공간 즉, 누군가에 의해서 채워져야 하는 빈 공간 있는 그릇과 같은 것이다. 미완의 공간을 열어놓고 소통하며 채워감으로써 플랫폼은 비로소 생명력 있는 경영의 장으로 활성화가 이루어지는 것이다. 연구가설에서 꿈은 플랫폼 기반 경영과 기업건강성에 유의한 정(+)의 영향을 미칠 것이라는 가설이 통계적으로 유의하게 분석됨으로써, 플랫폼 기반 경영이 꿈을 실현하는 경영환경임을 확인시켜주고 있다. 다양한 목적을 가진 기업들이 플랫폼을 기반으로 생태계 내에서 생태계 특성에 맞는 공통성과 다양성이라는 조화를 동시에 모색하면서 공유의 꿈과 그들 고유의 꿈을 바탕으로 경영활동을 이루어 가는 것이 플랫폼 경영이다. 따라서 생태계 관점의 꿈은 단기적 성과보다는 플랫폼의 핵심가치인 생태계적 사고에의 기초를 강화함으로써 플랫폼의 구성원인 기업들의 건강성에 영향을 미친다는 관점을 제시할 수 있다.

둘째, 흥(興)은 긍정적이고 즐거운 기분이 일어나게 하는 양(陽)의 정서이다(김혜진 외, 2015). 본 연구에서의 흥은 기업 생태계에서 정서적 영향요인으로 작용하여 자칫 빠르게 식어갈 수 있는 꿈과 열정을 지속시킬 뿐 아니라 타인에게 전이되고 발전되어, 구성원들의 자발적인 참여를 불러 일으키면서 플랫폼 경영환경의 내외적 효용성에 유의한 영향 미칠 것이라고 가정하였고, 실증분석에서 흥이 플랫폼 경영환경과 기업건강성에 정(+)의 영향을 미치는 것이 통계적으로 지지되고 있음을 보여주었다. 따라서 흥은 플랫폼이라는 생태계적 경영환경을 통하여 그 속성인 연구개발의 창조성, 신 시장 개척을 의미하는 시장성과 생산성 향상 등으로 생태계의 진화와 기업건강성에 영향을 미친다는 관점을 제시할 수 있다.

셋째, 본 연구의 원인변수인 꿈과 흥은 그 관계성이 동전의 앞뒤와 같은 특성으로 인해서 매개변수나 종속변수에 미치는 영향요인을 동시에 고려할 필요가 있었다. 꿈은 일을 해야 하는 이유를 주고, 흥은 일에 몰입하게 하는 힘이 되기 때문이다(Kim et al., 2016). 흥이 없는 꿈은 구성원들의 자발적 참여에너지를 하나로 모아 역동적인 실행력을 발휘하는 것이 어렵고, 꿈이 없는 흥은 방향성을 상실하여 구성원들의 에너지를 분산시키는 원인이 되기 때문이다. 따라서 이론적인 측면 뿐 아니라 기업경영 현실에서 지속적이고 효율적인 경영성과를 이루어 나아가기 위해서는 꿈과 흥의 요소를 함께 고려할 필요가 있다는 관점을 제시한다.

넷째, 본 연구에서 플랫폼은 추상적 개념으로서, 꿈과 흥이 다양한 요소들과 함께 공존하면서 플랫폼 생태계의 질적 향상과 구성원들이 추구하는 다양한 효용성에 영향을 미칠 수 있도록 마련된 기업 생태계 필드(business ecological field)로 보았다. 플랫폼 경영은 전통적인 기업경영과 달리 공통적인 기반요소위에 다자참여(多者參與) 및 관계중심사고를 필요로 하는 다양성을 띤 경영형태라고 할 수 있으므로 그 자체로 매개적, 수단적 성격을 지니고 있으며, 기술변화의 속도가 빨라지고 산업별 융복합화가 빨라짐에 따라 기업생태계가 중심이 되어 경쟁시대가 열리게 된 것은 진화적 경영이 낳은 시대적 산물로 볼 수 있다. 이러한 관점에서 플랫폼 기반 경영은 기업생태계의 경쟁력을 결정짓는 핵심요소로 제시될 필요가 있다.

다섯째, 기업 건강성은 기업생태계의 건강성을 담보하는 3요소를 중심으로 분석하였으며, 건강성은 Iansiti and Levien(2004) 등에 의하여 제시된 개념이다. 본 연구결과에서 나타난 바와 같이, 기업이 미래의 환경변화에 선제적으로 대응하기 위한 경영전략의 일환으로 연구개발을 통한 신제품 및 특허, 기술력 등의 향상을 추구하는 창조성과, 신제품과 기술력을 바탕으로 새로운 틈새시장을 개척하는 시장성, 그리고 원가경쟁력을 통하여 경영효율성을 높이는 생산성인 건강성 3요소가 고루 조건을 갖추고 시간을 전후하여 선순환을 이루어 갈 때, 기업의 지속가능 경영성과와 생태계의 진화가 담보될 수 있을 것이다.

다음으로 제Ⅳ장 실증연구에서는 국내 기업체 소속 종업원들을 대상으로 실시한 K-경영의 꿈과 흥에 대한 설문자료를 바탕으로 대상자들의 특성을 탐색하고자 군집분석을 수행하였다. 이를 위해 비계층적 군집화 방식인 K-평균법을 이용하여 측정한 결과 최종적으로 4개의 특성으로 유형화 되었으며, 통계적으로 유의미하게 분석되었다. 분류된 군집별 특성은 사무지향형, 성과지향형, 생산지향형과 리더십지향형으로 명명되었으며, 그룹별로 인구 통계적 특성을 함께 제시하였다. 또한 군집별 평균차이가 결과변수인 기업건강성에 차별적으로 유의한 영향을 미치는지를 확인하기 위해 ANOVA을 실시하여 그 유의성을 밝혔다는 측면에서 연구 의의가 있다 하겠다. 아래에 군집별 특성을 인구 통계적 결과와 연계하여 정리하였으며, 군집별 평균차이에 대한 분산분석결과와 함께 그 함의를 제시하였다.

첫째, 군집1의 특성은 사무지향형으로, 위험부담이 크거나 진취적인 일, 또는 가시적인 경영성과를 내는 일보다는 일상적이고 안정적인 업무를 지향하는 특성을 나타내는 집단이다(박귀영, 2012). 인구 통계적 특성으로는 여성이 남성보다, 기혼자가 미혼자보다 안전적이고 사무 지향적인 경향을 보였으며, 관리자 및 지휘자 보다는 업무수행자가 많고, 성장하고 있는 기업에서 일상적인 업무를 잘 수행하는 특성을 나타내는 집단으로 분류되었다. 이는 기업 경영과정에서 일상적이고 안정적인 업무를 수행함으로써 타 분야의 일들이 원활하게 수행될 수 있도록 인적자원을 특성별로 배치하여 경영효율성을 추구하는 것이 필요하다는 관점을 제시하는 것이다.

둘째, 군집 2의 성과 지향형은 고객 지향적 성향이 높으며, 시장개척과 판매/영업 등을 통하여 높은 실적을 추구하는 성과 지향적 특성이 높은 집단으로, 기업에서 매출액 향상에 직접적으로 기여하는 종업원들의 직무상의 특성으로써, 적재적소의 인적자원 활용과 교육프로그램의 설계 및 시행, 그리고 성과 지향적 조직문화가 직무만족과 조직몰입에 긍정적 영향요인으로 작용하여 경영 효율성의 제고에 기여할 수 있다는 관점을 제시한다(이홍재 외, 2009; 최용범, 2009).

셋째, 군집 3의 생산 지향형은 조직원의 업무성향이 개척성과 변화성, 그리고 도전성이 낮은 반면, 주어진 일에서 능률성을 추구하는 특성을 나타내는 유형이다. 생산관련 분야에서 기술적 측면 등을 활용하여 생산능률을 올리며, 운영효율성을 높여 원가경쟁력을 유지하고, 더 싸게 더 좋은 품질의 제품을 효율적으로 생산하는 조직특성이며, 반복되고 일상적인 일에서 즐거움을 찾고 업무능률성을 지향하는 집단이다(김정수 외, 2003). 기업에서 이러한 업무특성으로 분류되는 인적자원들을 생산관련 분야에서 능력을 발휘하도록 활용이 중요하며, 또한 유형별 직무관련 교육프로그램을 실시함으로써 직무만족도를 높이고 직무효율성을 제고할 수 있다는 관점을 제시한다.

넷째, 군집 4의 리더십 지향형은 진취적이고 도전적이며, 위험을 두려워하지 않고 감수하는 리더십과 기업가적 특성을 지닌 집단으로 분류되었으며, 인구 통계적으로 남성이 여성보다 많고, 경영 관리직이 전 군집응답자의 55%을 차지하였으며, 관리 및 지휘자 수가 53.5%로 타 군집에 비해 월등히 높은 구성비를 보였다. 리더십 지향형으로 나타난 특성은 곧 기업가적 소양을 지닌 집단으로 볼 수 있으며, 이러한 특성에 따라 인적 자원을 활용하고 육성하는 시스템을 개발하고 운영함으로써 개인의 성장과 기업효율성 제고를 동시에 추구하는 것이 필요하다는 관점을 제시한다.

본 연구는 꿈과 흥을 중심으로 한 K-경영의 인적자원 관리의 관점에서 조직구성원들의 특성을 군집분이라는 통계적 방법을 통하여 탐색한 결과 유의한 4개의 특성으로 분류되는 성과를 얻었으며, 또한 인구 통계적으로도 특성별로 분류되는 특징을 보였다. 그리고 군집별로는 4개의 특성에 따라 유형별로 경영성과에 직간접적으로 영향을 미치며, 군집들이 상호 의존적. 보완적 관계의 다중성을 띠고 있음을 알 수 있었다. 본 연구를 통해 크고 작은 조직을 운영하는 경영자들에게 인적자원의 전략적 활용의 중요성과 그 방안에 대한 기초를 제시하였다는 면에서 연구의 의의가 있다고 하겠다.

제Ⅴ장의 사례 연구에서는 D사 2세 경영자의 혁신적 경영사례를 통해 K-경영의 기업가 정신과 기업 건강성 분석을 통하여 시사점을 얻고자 시도한 연구이다. 최근 한국경제가 잠재성장률이 급락하면서 저 성장의 늪에 빠져있고, 중소기업들은 국내시장에 의존하여 국제적으로 고립되는 , 소위 갈라파고스 신드롬이라는 증후군을 겪고 있는 상황에서 절실히 요구되는 것이 도전성과 진취성, 그리고 위기극복의 정신을 겸비한 기업가 정신의 발현이라고 보았다. 이러한 의미에서 본 사례는 특히 어려움을 겪고 있거나 재도약을 꿈꾸고 있는 중소기업인 들에게 기업가 정신을 일깨우고, 위기극복 과정을 거쳐 건강성 3요소를 두루 갖춘 건강한 기업으로 변모시킨 경영사례로서 시사하는 바가 크다 할 것이다.

첫째, 창조성은 미래의 환경변화에 대응하는 선제적 경영활동으로 새로운 시장기회를 창출하기 위해 끊임없이 신 성장 동력을 만들어가려는 기업의 연구개발 투자 활동이다. D사는 기업 건강성의 출발점이라고 할 수 있는 연구개발에 전 조직원의 20%가 넘는 인력이 투입됨으로써 국내적으로는 기존시장의 경쟁력 강화를 위한 지속적인 신제품 개발과 국외적으로는 해외시장 진출을 위한 연구개발 활동이 활발하게 이루어져, 신제품 및 특허 수가 전 기간(前 其間) 대비 3.85배라는 괄목할 수준으로 상승하였다. 이는 D사가 장기적 관점에서 경쟁력을 확보하기 위한 경영활동의 일환으로 창조성 즉, 연구개발에 대한 의지가 혁신적으로 강화된 것으로 풀이 된다. 특히 2세 경영체제에 돌입한 D사는, 그동안 납품을 해오던 대기업의 해외 이전과 장기화된 엔저현상, 그리고 한·중 FTA 발효로 중국 저가금형의 국내시장 진출이 본격화 되는 등, 금형업계의 위기감이 고조되고 있는 상황에서, 국내외적 환경변화에 능동적으로 대처하기 위해 야심찬 고급형 신제품 전략모델을 개발 완료함으로써 해외시장 진출의 기반을 마련하였다. 이리하여 D사는 연구개발 분야에서 제품 포트폴리오(product portfolio)를 확장하여, 새로운 시장 진출을 위한 창조활동을 획기적으로 강화함으로써 기존시장의 지배력을 키우고, 신 시장 진출을 위한 선제적 대비로, 선순환 경영을 위한 선행 조건을 확보하게 되었다.

둘째, 시장성에 있어서 D사는 2010년부터 해외수출비율은 완만하게 하향하는 추세를 보이고 있는데, 이는 앞서 언급한 바와 같이 수요기업인 대기업의 해외이전과 장기화 된 일본의 엔저 현상, 그리고 중국 저가형 금형의 국내 시장 진출 등에 의하여 수출에 악영향을 미쳤기 때문이다. 이에 그동안 내수시장에 주력해온 D사는 국내외적인 저가형 시장 환경변화를 직시하고, 선제적으로 신제품 개발에 착수하여 완료한 고급형 전략모델을 바탕으로 글로벌 시장진출을 위한 마케팅 활동에 착수했다. 새로운 제품군은 기존 제품과는 전혀 다른 형태의 전략모델로 고급형 시장을 타-깃으로 하여, 주요 시장인 유럽 및 일본 등지에서 혁신적인 마케팅 활동을 펼치고 있다. D사가 글로벌 마케팅을 본격화 한데는 D사의 핵심역량(core competence)인 투철한 장인정신과 우수한 기술력을 바탕으로 새로 개발된 제품군의 성능과 내구성이 유럽 및 일본 장비와의 경쟁에서도 결코 뒤지지 않을 정도로 높은 경쟁력을 갖추고 있기 때문이다. 이리하여 D사는 저가형 기업의 한계로부터 완전히 탈피하여 새로운 제품군의 성능과 내구성 및 기술력을 바탕으로 고급형 글로벌 시장에 진출함으로써 기업 경쟁력을 획기적으로 강화시켜 나아가고 있다.

셋째, 생산성에 있어서, D사는 2010년을 기점으로 사출성형물의 불량률이 1% 이하로 떨어지는 등 동종업계를 뛰어넘는 혁신적인 품질 경쟁력에 힘입어, 매년 30% 이상의 괄목할만한 생산성 향상을 이루었다. 이는 D사가 각 종 사원 중심제도를 통하여 모든 성과를 구성원들과 나누고, 직원복지향상의 일환으로 아카데미, 장학제도, 도서관설립 등의 시행으로 일하는 사람이 대우받는 사내 분위기를 정착하여, 구성원들은 자기 회사라는 주인의식이 자라나고, 노력하면 얻는다는 의식을 갖게 된 동기요인이 있었기 때문이다. 이렇듯 인간중심 경영환경이 종업원들의 자발적 동기부여(inherent engagement)의 요인으로 크게 작용하여, 결국 상상 이상의 높은 성과지표들로 나타나게 되며, 기업의 강한 경쟁력으로 이어진다는 시사점을 주고 있다.

넷째, 순환성에 있어서, D사는 2010년 이후 전년도 영업이익 대비 평균 87%에 해당하는 몫을 연구개발에 집중 투자하여하였다. 이는 일반기업에서는 상상도 하지 못할 R&D 분야의 높은 투자비율로, 신 시장 개척을 위한 선행적 조건인 창조성에 일대 혁신을 일으킴으로써 장기적인 선순환의 토대를 만들겠다는 경영자의 진취적 기업가 정신이 강하게 투영된 결과라 하겠다. 그 결과 D사는 기업의 건강성 지표인 창조성과 시장성, 그리고 생산성이 건강성 패러독스(paradox)에 빠지지 않고 각자의 조건을 갖추면서 지속성장을 위한 선순환 경영을 이루어내고 있다.

한국의 많은 산업 생태계가 그 활력을 잃어가는 상황에서, 특히 중소기업이 활력을 찾고 지속성장으로 가는 출발점은 기업가 정신의 회복과 건강성의 지표인 창조성, 시장성, 생산성의 선순환 궤도에의 진입시도가 무엇보다 필요하다. 분야별, 규모별로 새로운 희망을 보여주는 혁신적인 성공 사례들이 절실히 필요한 이때, D사는 비록 규모가 작은 기업이지만 꿈과 흥 모델을 중심으로 경영혁신을 이루어낸 진취적이고 위기극복의 선행적 기업가 정신은 시의(時宜) 적절한 경영혁신사례로서 많은 기업들에게 전략적 실무적 관점에서 시사점이 될 수 있을 것이다.

본 연구는 K-경영의 꿈과 흥에 대하여 실증과 사례연구를 병행하여 수행함으로써 다음과 같은 연구결과를 요약하여 제시하였다. 첫째, 꿈과 흥이라는 속성이 공통성과 다양성이 공존하는 플랫폼의 생태적 경영환경에 영향요인으로 작용하면서 기업의 건강성 향상에 유의한 영향을 미침을 실증 확인함으로써 향후 K-경영의 연구를 위한 기초적인 자료와 발전적 연구방향을 제시하였다. 둘째, K-경영의 요소인 꿈과 흥의 속성을 바탕으로, 어떻게 기업 인적자원들을 특성별로 유형화 할 것인가(how)와 조직 구성원들의 특성이 유형별로 어떤 형태로 나타나고 있는가(what), 그리고 유형화된 인적자원들을 어떻게 활용할 것인가(strategy)에 대한 연구결과를 밝힘으로써 인적자원의 활용 면에서 또 하나의 기초적인 방향을 제시하였다는 점과 이들 유형화된 특성들이 서로 상호 의존적. 보완적으로 다중성을 띠면서 경영성과에 직간접적으로 영향을 미치는 의미 있는 연구결과를 얻었다. 셋째, K-경영의 꿈과 흥 모델을 바탕으로 위기에 처한 기업에 일대 경영혁신을 일으켜 전도유망한 건강한 기업으로 변모시킨 D사의 사례는 비록 규모가 작은 중소기업에 지나지 않지만, 특히 어려움에 처해 있거나 혁신을 꿈꾸는 중소기업들에게 또 하나의 전략적 실무적 접근법을 제시하였다는 점에서 의의가 있다 할 것이다.

K-경영은 그간의 한국경제 발전에 지대한 영향력을 미쳤고, 국제적 관심사가 되었으며, 최근에는 남미를 비롯한 많은 아시아 기업들이 K-경영의 노하우를 벤치마킹할 정도로 관심이 날로 높아지고 있는 상황에서, 이에 대한 발전적 연구가 더욱 활발히 이루어질 필요가 있다.

제2절 본 연구의 향후 연구방향

본 장에서는 소주제별로 연구를 하면서 나타난 연구의 한계점과 향후 연구 과제를 기술하였다.

먼저 제Ⅲ장의 실증연구에서는 첫째, 플랫폼이라는 무대에 참여한 생태계 기업들이 서로 협력하여 목표를 공유하고 각자의 보완적 솔루션을 개발함으로써 경영성과를 이루어내기 때문에, 이들 관계에 기본적으로 사회적 자본인 신뢰(信賴)가 전제되어야 할 것이나, 이를 주요변수로 채택하지 못하여 연구결과를 좀 더 정밀하게 규명하기에는 한계가 있음이 발견된다. 신뢰는 상호성을 바탕으로 하여 형성되는 관계적 개념으로써, 서로 상대에 대한 기대심리와 예측 가능성을 내포하고 있다(Deutsch, 1958; Bhattachrya et al., 1998). 향후 연구방향에서는 신뢰를 실증모형에 포함시킴으로써 원인변수와 결과변수 간에 미치는 영향 메커니즘을 좀 더 엄밀하게 규명할 필요가 있다.

둘째, 본 연구모형에 인구 통계적 변수(demographic variable)를 통제변수로 포함시키지 않았다. 그 이유는 독립변수인 꿈과 흥의 특성으로 인하여 인구 통계적 변수가 연구의 기본적 흐름에 영향을 미치지 않을 것으로 판단하였고, 실제 주요변수인 성별, 결혼 유무, 회사의 규모 등을 통제변수로 설정하여 독립변수와 함께 회전시킨 결과 유의한 결과로 나오지 않았다(유의수준 P〈.05). 따라서 본 연구의 통제변수가 무려 11개고, 이를 모두 통제변수로 포함시켜 연구할 의미가 없다고 판단하였다. 하지만 좀 더 연구의 엄밀성을 추구하기 위해서는 그 변수의 수가 많다할 지라도 모두 통제변수에 포함시켜 분석하지 못한 점에서 연구의 한계점이 있다고 할 것이며, 향후 연구에서는 이를 좀 더 엄밀하게 규명할 필요가 있겠다. 셋째, 본 연구에서 K-경영의 꿈과 흥이 플랫폼의 어떤 특성에 관점을 두고 상관성을 연구하였는지에 대해서는, 플랫폼이라는 정의가 워낙 다양하고 그 자체로 비어있는 추상적 공간(unoccupied system)으로서, 그 허(虛)가 플랫폼의 인터페이스를 통하여 수많은 생태계 구성원들에 의해 채워지고, 소통과 협력적 상생관계를 지향함으로써 진화가 이루어지는 일반적 개념에 착안하였으며, 플랫폼의 어떤 특성에 관점을 두고 관련성을 연구하지는 않았다. 다만 향후 플랫폼과 K-경영과의 좀 더 구체적 접속점을 찾기 위하여 플랫폼의 특성별 연구가 더 깊이 수행될 필요가 있을 것이다.

넷째, 본 연구의 종속변수인 기업 건강성의 개념과 구성요소는 선행연구 자료를 근거로 하여 기술하였다. 그 구성요소는 창조성, 시장성, 생산성으로, 이 세 가지 요건을 모두 갖추고 선순환이 이루어질 때, 건강한 기업으로서의 경쟁력을 갖추고 있다는 의미이다. 건강성의 구성요소 중 논란의 여지가 있는 창조성은 흥(興)의 속성의 하나인 난장성(carnival effect)에서 연유한 바, 난장성은 격식이나 가면을 모두 벗어던지고 자유롭게 참여하는 난장판(chaos) 같은 축제의 상태를 의미하며, 문지방(liminality)을 넘어서는 것이어서, 축제가 끝나고 나면 새로운 조화(cosmos)가 만들어지며, 그 혼돈 속에서 조직 구성원들로 하여금 새로운 질서를 만들어내는 창조적 역량을 발휘하도록 한다는 의미이다(김기찬 & John Laurence Enriquez, 2015; Kim, K. C. et al., 2016; Dolan et al., 2000; Smith and Paquette, 2010). 이와 같이 본 논문에서는 건강성의 구성요소를 흥(興)에서 찾고 있지만, 특히 건강성 요소로서의 창조성에 대한 연구는 추후 더 많은 선행 연구 자료를 분석하여 좀 더 엄밀한 의미에서 규명할 수 있도록 연구과제로 남기고자 한다.

다음으로 제Ⅳ장 실증연구에서는 전국 기업체 소속 종업원을 대상으로 실시한 꿈과 흥에 대한 설문 자료들을 토대로 K-평균 군집분석 기법을 이용하여, K-경영의 관점에서 인적자원들의 특성에 대한 유형화 분석을 수행하였으며, 그 결과 의미 있는 4개의 군집별 특성을 도출하였다. 이 유형화된 특성들은 사무지향형, 성과지향형, 생산지향형, 리더십지향형으로, 이들 특성들에 대한 각각의 연구는 본 논문에서 깊이 다루지 못한 한계가 있으며, 향후의 연구과제로 남긴다. 본 연구는 K-경영에 대한 실증적 선행연구가 아직 많지 않은 단계에서의 시도된 연구라는 점에서 의의가 있다할 것이며, 앞으로 본 주제에 대하여 다양한 시각에서 추가적 연구를 실시함으로써 이론의 일반화를 비롯한 외연확장을 이끌어낼 필요가 있다고 본다.

제Ⅴ장의 사례 연구에서는 비록 많은 시사점이 발견되었음에도 불구하고 소규모 기업의 단일사례라는 점에서, 학문적으로 일반화하기에는 이르고, 향후 연구를 위한 기초적인 자료를 제공했다는 점과 발전적 연구방향을 제시했다는 점에 의의를 두고 있다. 따라서 아직 기초적 단계에서 K-경영혁신 자료로 활용될 수 있기를 바란다. 본 연구에서 구체적으로 다루지 못한 꿈과 흥에 대해서는 향후 분야별로 주제를 달리하여 심층 연구할 필요가 있을 것이다. 아울러 본 연구에서 다루지 못한 보다 많은 모범사례들을 발굴하여 종단분석과 횡단분석을 병행함으로써 K-경영에 대한 이해를 돕고, 나아가 이론적 토대를 공고히 할 필요가 있다고 본다.

▣ 참고문헌

강봉식, 권석균(2013), "신바람의 개념구조와 선행요인 및 효과성," **인사조직연구**, 21(4), 123-158, 한국인사조직학회.

김기찬(2009), "기업생태계 관점에서의 연구개발 전략과 플랫폼 리더십 : 대. 중소기업 상생협력과 R&D에의 시사," **중소기업연구**, 31(2), 157-175.

김기찬, John Laurence Enriquez(2015), "기업생태계 건강성의 국제적 비교 : 한국, 독일, 일본=Healthiness of Business Eco-system : A Comparison of Korea, Germany, and Japan", **한국중소기업학회**, 18(2).

김기찬, 곽수근, 송창석, 임민영(2012), "공유가치 창출을 위한 기업네트워크 협력방안 연구", **경제.인문사회 연구회**, 국가정책연구포털(NKIS) 자료.

김기찬, 김희숙(2012), **우리나라 중소기업 생태계의 건강성 평가와 전략적 과제**, 전경련 중소기업 협력센터.

김기찬, 송창석, 임일(2015), **플랫폼의 눈으로 세상을 보라**, 성안북스.

김기찬, 이성상, Ruth Angelie B Cruz, John Laurence A Enriquez, 백정선(2014), "기업 생태계의 건강성과 공적 플랫폼전략-인천국제공항사례", **Korea Business Review**, 18(1), 77-110, 한국경영학회.

김정수, 윤혁권(2003), "조직특성이 시장지향성과 생산성에 미치는 영향에 관한 연구: 부산지역의 벤처기업을 대상으로", **한국생산성학회 생산성논문집**(구생산성연구), 17(1), 119-142.

김혜진, 김종철(2015), "상호 문화적 능력향상을 위한 한국의 '흥' 이해 교육 연구: 고전 문학 제재를 중심으로", **한국언어문화학회**, 12(1), 79-111.

류은영(2014), "PLS 구조방정식모형을 활용한 리더십과 혁신행동 간의 관계에서 집단주의 조절효과", **한국인사행정학회보**, 13, 233-264.

문원택(2001), **디지털시대의 기업과 기업가 정신**, 한언, 156-159.

박광순(2014), "금형산업의 가치사슬 변화와 창조화 전략", **산업연구원 산업창조화시리즈**, 2013-343.

박귀영(2012), "위험감수도 및 현상유지편향이 가계의 재무관리행동 및 경제적복지감에 미치는 영향에 관한 연구", 성신여자대학교 박사학위논문.

박동수, 구언회(2007), "벤처기업의 기업가 정신이 성장의도에 미치는 영향에 관한 탐색적 연구", **대한경영학회지**, 20(6), 2979-3011.

박수동 & 홍순기(2003), "비모수적 방법을 이용한 OECD 국가별 R&D 효율성과 생산성 분석", **기술혁신연구**, 11(2), 151-174.

박연복, 이규민, 강상진(2011), "군집분석을 이용한 수준설정방법과 타당성 연구", **한국교육평가학회 교육평가연구**, 24(3), 645-664.

박유영(2005), **한국형 기업가 정신의 사례연구**, 숭실대학교 출판부, 15-72.

박유영(2013), **한국형 기업가 정신의 DNA를 찾아서**, 탑북스.

손동희(2009), "근로자 참여 유형과 성과: 효율성과 형평성을 중심으로", **산업관계연구(한국노사관계학회)**, 19(1), 169-195.

오종석. 이용탁(1999), "벤처기업의 기업가 정신과 성과와의 관계," **대한경영학회지**, 22, 285-307.

유필화, 박대현, 곽영식(1996), "판매원의 고객지향지수 개발 및 판매원 성과와의 상관관계 분석", **소비자학연구**, 7(2), 59-85(27).

이상규(2010), "양면시장의 정의 및 조건", **정보통신정책**, 17(4), 73-105.

이영직(2012), **슘페터가 들려주는 기업가 정신 이야기**, 자음과 모음.

이학식, 임지훈(2013), **SPSS 20.0 매뉴얼**.

이홍재, 이영안(2009), "성과지향적 조직문화가 조직효과성에 미치는 영향 -경찰공무원들의 인식을 중심으로", **사회과학연구**, 35(2), 81-108, 1226-7546.

재료연구소(KIMS)(2011), **소재기술백서 2011**, 소재분야의 통계 및 기술동향을 집대성, 단행본, 대한금속·재료학회.

정선호, 서상윤(2014), "주성분분석과 공통요인 분석에 대한 비교연구: 요인구조 복원 관점에서", **응용통계학회 응용통계연구**, 26(6), 933-942.

제프리 라이커 저, 김기찬 역(2004), **도요타 방식(THE TOYOTA WAY)**, 가산출판사.

중소기업청(2013), **금형산업로드맵 2013**, 2012 중소기업 기술로드맵 수립사업의 최종보고서.

진동수(Dong-Su Jin)(2013), "결합형 방법론 관점에서의 플랫폼 비즈니스 성공과 실패에 대한 연구," **통상정보연구,** 15(2), 한국통상정보학회.

최병삼, 김주한(2011), "플랫폼의 일반적 정의가 경제적. 전략적 의사 결정에 미치는 효과에 관한 연구", **상업교육연구**, 25(3), 18-47.

최병삼, 조원영, 박성배, 김원소, 김진성(2011), **비즈니스 플랫폼의 부상과 시사점**, 삼성경제 연구소 CEO Information.

최용범(2009), **성과지향 HRD**, 학이시습 출판사.

카민 갤로(Carmine Gallo) 저(2010), **스티브잡스 무한혁신의 비밀 : 획기적 성공을 위한 특별한 원칙(The Innovation Secrets of Steve Jobs: Insanely Different Principles for Breakthrough Success)**, 박세연 역, 비즈니스 북스, 190-204.

클레이튼 M. 크리스텐슨(Clayton M, Christensen) 저(1997), **혁신 기업의 딜레마(The Innovator's Dilemma)**, 이진원 역(2009), 세종서적.

피터 F. 드러커(2004), **미래사회를 이끌어가는 기업가 정신**, 이재규 역, 한경 BP, 4-6, 36-41.

피터 F. 드러커(Peter F. Drucker)(1997), **리더의 도전(원서: Management Cases)**, 김홍식 역(2014), 한국경제신문, 35.

한봉주(2008), "조직문화와 리더십이 조직몰입과 직무만족에 미치는 영향", **한국행정학회 학술발표논문집**, 57-93.

현영석(2013), **(현대자동차)스피드경영=Hyundai speed management**, 한국린경영연구원.

Allen, N. J., & Meyer, J. P.(1990). "The Measurement and Antecedents of Affective, Continuance and Normative Commitment to the Organization", *Journal of Occupational Psychology*, 63, 1-18.

Baldwin, Carliss Y., and Woodard, C. Jason(2009), "The architecture of platforms : a unified view," *Gawer, Annabelle(ed), Platforms, Markets and Innovation, Edward Elgar,* 19-44.

Baron, R. M., & Kenny, D. A.(1986), "The moderator-mediator variable distribution in social psychological research: Conceptual, Strategic, and statistical consideration," *Journal of Personality and Social Psychology*, 51(6), 1173-1182.

Bennis, W., & Nanus, B.(1997). *Leaders: The strategies for Taking Charge*. New York: Harper & Row.

Bharttacharya, R., & Pillutla, M.(1998), "A formal model of trust based on outcomes", *Academy of Management Review,* 23(3), 459-472.

Bresnahan, Timothy F, and Greenstein, Shane(1999), "Technological competition and the structure of the computer industry", *Journal of Industrial Economics,* 47(1), 1-40.

Brockhaus, Robert H.(1980), "Risk Taking Propensity of Entrepreneurs", *Academy of Management Journal,* 23(3), SSCI, SCOPUS.

Cardon. M.(2008). "Is Passion Contagious the Transference of Entrepreneurial Passion to Employees", *Human Resource Management Review, 18(2), 77-86.*

Cheng, Y. & Van de Ven, A.(1996). "The Innovation Journey: Order Out of Chaos?", *Organization Science*, 6, 593-614.

Collins, J. C., & Porras, J. I.(1996). "Building Your Company's Vision", *Harvard Business Review*.

Covin, J. and Slevin, D.(1991), "A Conceptual Model of Entrepreneurship as Firm Behavior", *Entrepreneurship Theory and practice*. 16(1), 7-25.

Csikszentmihalyi, M.(1990), *Flow: The Psychology of Optimal Experience,* New York: Harper & Row.

Deutsch, M.(1958), "Trust and suspicion", *Journal of Conflict Resolution,* 2, 265-279.

Dolan, S. L., García, S., Diegoli, S., & Auerbach, A.(2000), "Organizational Values as 'Attractors of Chaos': An Emerging Cultural Change to Manage Organizational Complexity" *UPF Economics Working Paper No. 485.*
Retrieved from http://www.econ.upf.edu/docs/papers/downloads/485.pdf

Drucker, P. F.(1964), *Managing for Results*, New York: Harper & Row.

Economides, Nicholas, and katsamakas, Evangelos(2006), "Two-sided competition of proprietary vs. open source technology platforms and the implications for the software industry", *Management Science*, 52(7), 1057-1071.

Gawer, Annabelle(2009), *Platform dynamics and strategies : from product to services,* Gawer, Annabelle(ed), Platforms and Innovation, Edward Elgar, 45-76.

Gawer, Annabelle, and Cusmano, Michael A(2008), "How companies become platform leaders", *MIT Sloan Management Review*, 49(2), 28-35.

Gawer, Annabelle, and Cusumano, Michael A.(2002), "Platform leadership: How Intel, Microsoft, and Cisco Drive Industry Innovation," Harvard Business School Press(Boston: MA).

Gilliam, T. K.(1993). "Managing the Power of Creativity," *Bank Marketing*, 25(12), 14.

Grafton, L.(2007), Hot Spots: *Why Some Teams, Workplaces, and Organizations Buzz with Energy-And Others D'ont*, San Francisco: Barret-Koehler.

Hair, J., W. Black, B. Babin, R. Anderson, and R. Tatham(2006), *Multi variate Data Analysis*(6th ed), New Jersey: Prentice Hall.

Halman, Johnnes I. M, Hofer, Adrian P., and van Vuuren, Wim(2003), "Platform-driven development of product families : linking theory with practice," *Journal of Product Innovation Management,* 20, 149-162.

Hayton, J., & Cholakova, M.(2012). "The Role of Affect in the Creation and Intentional Pursuit of Entrepreneurial Ideas", *Entrepreneurship Theory and Practice,* 36(1), 41-68.

Iansiti, M., and R. Levin(2004), "Keystone Advantage," *Perseus Distribution Services.*

Iansiti, M., and R. Levin(2004a), "The Keystone Advantage: What the New Dynamics of Business Ecosystem Mean for Strategy, Innovation, and Sustainability", Havard Business School Press, Boston: MA.

Iansiti, M., and R. Levin(2004b), "Strategy as Ecology," *Harvard Business Review*, 82, 68-78.

Israel, K.(1997), *Management and Entrepreneurship,* Free Enterprise Center.

Joachim, A.(2010), "Interface between Corporate Vision, Mission and Production and Operations Management," *Global Journal of Management and Business Research.* 10(2), 18-22.

Kim, K C. and J.L A. Enriquez(2015), "Healthiness of Business Ecosystem : A Comparison of Korea, Germany, and Japan", *Journal of Small Business Innovation,* 18(2), 59-73.

Kim, K. C., Lee S. S, Jamille Almacen, John Laurence Enriquez, and Hyng-Gu Lynn(2016), "The Dreaming-Sharing-Excitement Model of K-management and K-Entrepreneur-ship: The Global Rise of Hyundai Motors", *KBR,* 20(2), May.

Kim, L. S.(1998), "Crisis Construction and Organizational Learning: Capability Building in Catching-up at Hyundai Motor," *Organization Science*.

Kim, Y. G.(1982), *An introduction to mindamhak: From Diffusionism to Structuralism,* Seoul: Ilchokak.

Kwon M. J.(2008), "Development of Traffic Accident Prediction Model using Cluster Analysis Method based on the Type of City." Paper of Master Degree, Ajou University, 33-45.

Latham, G. P., & Pinder, C.C.(2005), "Work Motivation Theory and Research at the Dawn of the Twenty-First Century," *Annual Review of Psychology,* 56, 485-516.

Lumpkin, G.T and Dess, G.G.(1997), "Proactiveness versus Competitive Aggressiveness: Teasing Apart Key Dimensions of An Entrepreneurial Orientation", *Frontiers of Entrepreneurship Research,* Wellesley.

Lynch, R.(2006), *Corporate Strategy, 4th Edition*. Harlow: Financial Times/Prentice Hall.

Meyer, Marc H, and Seliger, Robert(1998), "Product platforms in software development", *Sloan Management Review,* Fall, 61-74.

Moore, J. F.(1993), "Predators and Prey: A New Ecology of Competition,", *Harvard Business Review,* 71(3), 75-83.

Moore, J. F.(1997), "The Death of Competition: Leadership & Strategy in the Age of

Business Ecosystems", Harper Business, New York.

Nanus, B.(1992). *Visionary Leadership: Creating a Compelling Sense of Direction for Your Organization.* San Francisco: Jossey-Bass Publishers.

Nelson, R. R., & Winter, S. G.(1982). "The Schumpeterian tradeoff revisited". *The American Economic Review*, 72(1), 114-132.

Nonaka, I.(1988). "Creating Organizational Order Out of Chaos: Self-Renewal in Japanese Firms". *California Management Review*, 30(3), 57-73. doi: 10.2307/41166514.

Nunnally, J.(1978), *Psychometric Theory* (2nd ed.), New York: McGraw Hill. 244-245.

Ouchi, W. G.(1981). *Theory Z,* New York : Avon Books.

Pejza, J.P.(1985, April). "The Catholic school principal: A different kind of leader", *Paper presented at the Annual Meeting of the National Catholic Educational Association,* St. Lous, Mo.

Peter F. Drucker(1993), *Post Capitalist Society,* Translation by Lee Jae Kyu(2002), The Economic Daily, 7th printing of the first edition.

Pfeffer, J.(1998). *The human equation: Building profits by putting people first*, Harvard Business Press.

Podsakoff, Philip M., and Dennis W. Organ(1986), "Self-reports in organizational research: Problems and prospects". *Journal of management,* 12(4), 531-544.

Porter, M. E.(1985). *The Competitive Advantage: Creating and Sustaining Superior Performance.* New York: Free Press.

Robertson, David, and Ulrich, Karl(1998), "Planning for product Platforms," *Sloan Management Review,* 39(4), 19-31.

Rochet, Jean-Charles, and Tirol, Jean(2003), "Platform competition in two-sided markets," *Journal of the European Economic Association,* 1(4), 990-1029.

Scarnati, J. T.(2001), "On Becoming a Team Player", *Team Performance Management:*

An Inter-national Journal, 7(1), 5-10.
doi: http://dx.doi.org/10.1108/13527590110389501

Sisodia, R., Sheth, J., and Wolfe, D. B.(2007), *Firms of Endeavor : The Persuit of Purpose and Profit,* Wharton School Publishing, Upper Saddle River, NJ.

Smit. H. J. & Trigeorgis, L.(2004). *Strategic Investment: Real Option and Games.* UK: Princeton Press.

Smith, S. & Paquette, S.(2010). "Creativity, Chaos and Knowledge Management", *Business Information Review*, 27(2), 118-123.

Sshumpeter, J.A.(1934), *Theory of Economic Development*, Oxford Uni. Press, 20-25.

Torrance, E. P.(1965), *Rewarding Creative Behavior.* Englewood Cliffs, NJ: Prentice-Hall.

Wallas, G.(1926), *The Art of Thought.* London: Watts.

Weinman, C.(1991), "It's not Art but Marketing Research can be Creative". *Marketing News*, 25(8), 9-24.

Wootton, S., & Horne, T.(2010), *Strategic planning: A nine Step Approach to strategy and leadership for Managers and Marketers* (3rd ed.), London, UK: Kogan Page.

K-경영의 요소가 기업의 선순환 경영에 미치는 영향

2018년 5월 16일 | 초판 인쇄
2018년 5월 18일 | 초판 발행

지 은 이 | 권중덕
발 행 인 | 김은중
발 행 처 | 서울경제경영출판사
북 디 자 인 | (주)우일미디어디지텍

주 소 | 03767 서울특별시 서대문구 신촌로 205, 506호
전 화 | 02)313-2682
팩 스 | 02)313-8860

등 록 | 1998년 1월 22일 제5-63호

ISBN 978-11-6282-038-4 93320 정가 12,000원